职业教育课程改革规划创新教材

广州市中等职业学校市级精品课程建设研究成果

网络营销实务

主编　徐小红　单锦怡

中国石化出版社
HTTP://WWW.SINOPEC-PRESS.COM
中国经济出版社
CHINA ECONOMIC PUBLISHING HOUSE

内　容　提　要

本书根据中等职业学校学生的特点和《电子商务师职业标准》(电子商务员)的基本要求，遵循以能力为本位，以学生为主体，体现理论与实践相结合的编写指导思想。本教材共分为9个项目，每个项目包括项目导学、项目目标、若干任务、学习检测、学习评价。同时每个任务中设有任务背景、知识学堂、任务情境、任务实施4个环节。从课前到课后，从理论到实践，都能突出工作任务与知识的联系，让学生在职业实践活动的基础上掌握知识，增强课程内容与职业岗位能力要求的相关性，提高学生的就业能力和创业能力。

本书适合职业院校电子商务等相关专业师生使用。

图书在版编目(CIP)数据

网络营销实务／徐小红，单锦怡主编．—北京：中国石化出版社，2021.1

ISBN 978-7-5114-6146-9

Ⅰ．①网…　Ⅱ．①徐…　②单…　Ⅲ．①网络营销-中等专业学校-教材　Ⅳ．①F713.365.2

中国版本图书馆CIP数据核字（2021）第029223号

中国石化出版社出版发行

地址：北京市东城区安定门外大街58号

邮编：100011　电话：(010)57512500

发行部电话：(010)57512575

http://www.sinopec-press.com

E-mail:press@sinopec.com

北京富泰印刷有限责任公司印刷

全国各地新华书店经销

*

710×1000毫米16开本10.5印张196千字

2021年3月第1版　2021年3月第1次印刷

定价：42.00元

《网络营销实务》编委会

主　编：徐小红　单锦怡

副主编：赵智标　罗　娜　何　平

编　委：李　佳　黄少芳　刘银凤　彭雪珍

主　审：郑慧琴　刘　浩

前言 PREFACE

网络营销实务是中等职业教育电子商务专业的一门核心课程，是电子商务的重要组成部分。本课程根据中等职业学校学生的特点和《电子商务师职业标准》(电子商务员)的基本要求，遵循以能力为本位，以学生为主体，体现理论与实践相结合的编写指导思想，紧紧围绕网络营销岗位业务技能要求，以项目为载体，以案例为突破口，采用任务驱动的教学方法精心组织教材内容。

本课程共分为9个项目，每个项目包括项目导学、项目目标、若干任务、学习检测、学习评价。同时每个任务中设有任务背景、知识学堂、任务情境、任务实施4个环节。从课前到课后，从理论到实践，都能突出工作任务与知识的联系，让学生在职业实践活动的基础上掌握知识，增强课程内容与职业岗位能力要求的相关性，提高学生的就业能力和创业能力。

在本书的编写过程中，我们参阅、借鉴并引用了大量国内外有关网络营销和电子商务等方面的资料和研究成果，并得到了学校的鼎力支持，在此表示衷心的感谢!

由于时间仓促，加之编者的水平有限，书中缺点、错误在所难免，恳请广大师生及读者批评指正。

编者

目 录 CONTENTS

项目一　走进网络营销

项目导学

本项目，我们将带同学们从经历过的网络营销活动着手，了解网络营销概念、职能及方式，网络营销新形势下的新情景，网络营销岗位职责及素养。

项目目标

知识目标： 1. 掌握网络营销概念、网络营销职能、优势和方式；
2. 掌握网络营销岗位职责及素养。

技能目标： 1. 会识别网络营销职能、方式并利用网络营销试解决销售难题；
2. 会利用网络营销岗职责及素养为营销活动服务。

情感目标： 1. 激发学生学习网络营销兴趣，热爱网络营销岗位；
2. 培养勤于思考、乐于动手、遵纪守法的良好品质。

任务一：　初识网络营销

谈到网上(微信、淘宝、京东等)购物，大家可能都实践过，但是要问大家什么是网络营销？网络营销能有什么作用？网络营销有哪些方式？可能同学们不一定答得出来。在本任务中，我们将带着大家从自己所熟悉的网购入手了解网络营销的基本知识(概念、职能、优势及方式)。

一、任务背景

李阿姨在东汇城经营着一家小型服装店，一直以来生意都不错，但由于到受到网络销售新形式的出现，网上服装店越来越多，李阿姨服装店的销售量在不断地下降，又由于李阿姨对网络营销不懂，看着天天门可罗雀的场景，李阿姨急得不得了！请问，作为学电子商务专业的你能帮到李阿姨吗？

二、知识学堂

(一) 网络营销的定义

网络营销是指企业以电子信息技术为基础，以计算机网络为媒介和手段而进行的各种营销活动(包括网络调研、网络新产品开发、网络分销、网络促销、网络服务等)的总称。全称是网络直复营销，属于直复营销的一种形式，是现代信息通信技术、计算机网络技术与企业营销实践相结合的产物。企业通过网络营销实现了一对一营销，与顾客的双向信息交流。

(二) 网络营销的基本职能

1. 信息发布

网络营销的目的是通过各种互联网手段，将企业营销信息以高效的手段向目标用户、合作伙伴、公众等群体传递。互联网为企业发布信息创造了优越的条件，不仅可以将信息发布在企业网站上，还可以利用各种网络营销工具和网络服务商的信息发布渠道进行更大范围信息传播。信息发布就成为网络营销的基本内容之一。

2. 网站推广

无论对于中小企业还是大企业，获得必要的访问量是网络营销取得成效的基础。与传统的营销方式相比，互联网推广机会更多，成本更低。对于大型企业，网站推广也是非常必要的，事实上许多大型企业虽然有知名度较高，但网站访问量也并不高。因此，网站推广是网络营销最基本的职能之一，是网络营销的基础工作。

3. 销售促进

无论市场营销还是网络营销的基本目的都是为最终增加销售提供支持，各种网络营销方法大都直接或间接具为促进销售的服务。

4. 网上销售

网上销售是企业销售渠道在网上的延伸，一个具备网上交易功能的企业网站本身就是一个网上交易场所。网上销售渠道有企业网站、建立在专业电子商务平台上的网上商店、与其他电子商务网站不同形式的合作等，因此网上销售适用于大型企业同样适用于中小企业。

5. 顾客关系

互联网提供了更加方便多样的在线顾客服务手段：FAQ(常见问题解答)、电子邮件、邮件列表、在线论坛、各种即时信息服务、视频营销和直播等，成本低、效率高、交互性好是在线服务的优点，这些都为网络营销为建立良好的顾客关系、提高顾客满意度和顾客忠诚度奠定了基础。

6. 客户服务

网络营销为企业向客户服务提供了更多的交互式途径，大大缩短了客户服务的时间和成本，拉近了与客户的距离。

7. 网上调研

网上市场调研具有调查周期短、成本低的特点，合理利用网上市场调研手段对于快速市场营销策略的制定具有重要价值。网上市场调研与网络营销的其他职能具有同等地位，既可独立地进行也可以依赖其他职能开展，网上调研的结果可以为其他职能更好地发挥作用提供依据。

8. 网络品牌

人们在网上了解一个企业的主要方式就是访问该公司的网站，因此网站的形象代表着企业的网上品牌形象。专业化的企业网站有利于树立企业的网络品牌形象，尤其对于以网上经营为主的企业，网站的形象是访问者对企业的印象，这种印象对于建立网络品牌形象、产生用户信任具有至关重要的作用，企业应力求在自己的网站建设上体现出自己的形象，但实际上很多企业对此缺乏充分认识，网站形象对企业品牌价值体现不大，相反一些新兴的企业利用这一原理做到了“小企业大品牌”，并且获得了与传统大型企业同等的竞争机会。

（三）网络营销方式

1. 基于站点的网络营销常常采用的方式

① 微信营销；

② 博客营销；

③ 论坛营销；

④ 视频营销、直播营销。

2. 无站点网络营销

无站点网络营销是指没有建立自己的企业网站，利用一定的方法开展网络营销。没有建立企业网站可分为两种情形：一种是企业暂时没有条件或者认为没有必要建立网站；另一种是不需要拥有网站即可达到网络营销的目的，如临时性、阶段性的网络营销活动，或者因为向用户传递的营销信息量比较小，无须通过企业网站即可实现网络营销的信息传递。常常采用的方式如下。

① 可供发布信息的渠道（供求信息平台、网络分类广告、网络社区营销等）发布免费或付费信息；

② 网络广告；

③ 网上拍卖；

④ E-mail 营销；

⑤ 网上调研。

（四）网络营销的优势

① 全球性传播、传播范围广；

② 成本低、速度快、更改灵活；

③ 网络营销的投放更具有针对性；

④ 网络营销的受众关注度高；

⑤ 网络营销缩短了媒体投放的进程；

⑥ 网络营销具有可重复性和可检索性。

三、情境设计

作为学电子商务专业的你，也没有进行过网上销售业务经历，对网络销售也是一个初学者，那怎么才能帮李阿姨排忧解难呢？不急，我们一步步来！先来了解一下网络营销的基本知识。

四、任务实施

活动一：分析所经历的营销活动，总结网络营销的概念和优势

活动内容：分析比较图 1-1～图 1-6 营销形式，看看你经历过哪些活动？分享自己的购物经典经历，说说哪些属于网购，网购经历中共同的特征（地点、付款方式、收货方式等），总结网络营销的概念与优势，与通过百度查找网络营销概念和优势对比一下，填写表 1-1、表 1-2。

图 1-1 电视广告营销

图 1-2 电视购物营销

图 1-3　QQ 营销

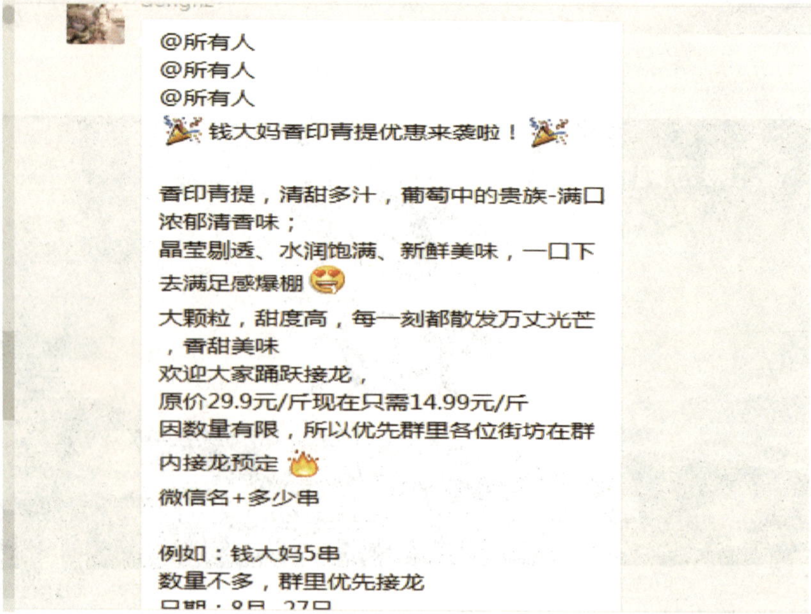

图 1-4　微信营销

图 1-5　报纸杂志营销

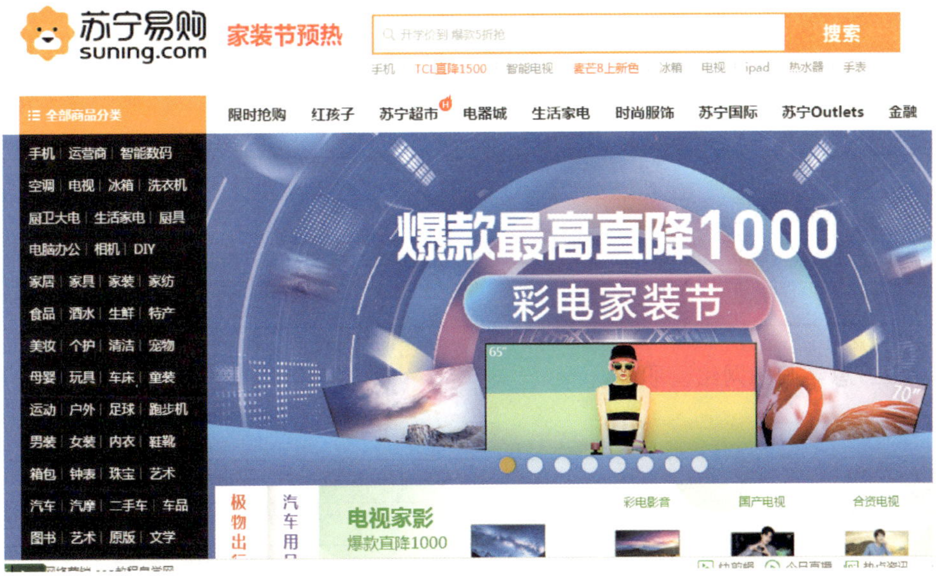

图 1-6　网店营销

1. 总结概括网络营销的概念、优势

表 1-1 网络营销概念与传统营销优势

网络营销的概念	网络营销的优势

2. 把网络营销与传统营销作个比较

表 1-2 网络营销与传统营销比较

比较项目	传统营销	网络营销
产品(销售产品范围)		
经营成本(流通环节、经营成本、便利等)		
渠道(销售渠道)		
促销(单向或双向)		

活动二：通过搜索查找、了解网络营销的职能、方式

活动内容：通过网络查找网络营销方式至少三种，填入表 1-3；总结网络营销职能至少三种，填入表 1-4；打开企业网站体验网络营销的职能，谈谈体验感受，填入表 1-5；帮李阿姨选择两种以上网络营销方式并说明理由，让李阿姨摆脱困境，填入表 1-6。

1. 总结归纳网络营销方式

表 1-3

方式一	
方式二	
方式三	
方式…	

2. 总结归纳网络营职能

表 1-4

职能一	
职能二	
职能三	
职能…	

3. 打开企业网站体验网络营销的职能

表 1–5

感受 1	
感受 2	
感受…	

4. 帮李阿姨选择一种网络营销方式并说明理由，让李阿姨摆脱困境

表 1–6

方　式	理　由
方式 1	
方式 2	
方式…	

任务二：认识网络营销岗位及素养（操守）

作为商贸类的学生，学习了网络营销实务这门课程后能否找到与本课程相关的网络营销岗位工作，是大家共同关心的问题，在本次任务中，我们将通过各种渠道，了解电子商务师国家职业标准，认识网络营销岗位类别及职业素养，让同学们在一开始学习这门课就明确网络营销岗位职责，为同学们以后要从事的网络营销奠定基础。

一、任务背景

同学们通过上一节的学习对网络营销有一个全面的了解，也帮李阿姨选择了网络营销的形式，可是李阿姨年纪大不会运营呀，李阿姨需要网店运营相关人员，应当如何帮李阿姨挑选网络营销岗位人员呢？

二、知识学堂

（一）网络营销发展的特殊现象

网络营销发展到今天，得到了让人叹为观止的经济效益，同时也出现许多新的经济现象，颠覆了已有的营销观念。

1. 赢者通吃现象

这一现象源于美国总统大选制度三个基本规则中的第二条就是赢者通吃。在

这种现象下在历届总统竞选中，人口众多的州都成为总统候选人争夺的重要目标。

网络营销时代产生了很多经济大鳄：微软，谷歌，以及国内的门户网站网易、阿里巴巴、腾讯、新浪、搜狐、百度等，这些企业几乎垄断了各自的行业主要份额。

2. 长尾现象

长尾效应(Long Tail Effect)，这一现象源于克里斯·安德森(Chris Anderson)(美国《连线》杂志主编)文章中提出长尾(Long Tail)理论，此现象彰显商业和文化的未来不在热门产品，在于需求曲线中那条无穷长的尾巴，不在传统需求曲线的头部(图 1-7)。

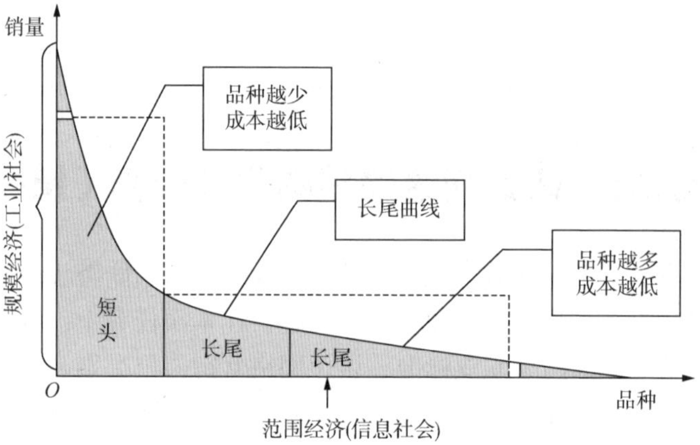

图 1-7　长尾现象统计图

Google 是一个最典型的“长尾”公司，把广告商和出版商的“长尾”商业化体现得淋漓尽致。Google 把广告从高不可攀，变成它是自助的、价廉的、谁都可以做的，让从未打过广告，或从没大规模地打过广告的数以百万计的小企业和个人纷纷通过广告来营销，一个巨大的广告市场由数以百万计的中小企业投放广告来形成，这条长尾能有多长，恐怕谁也无法预知。

亚马逊是又一个成功的“长尾”公司。亚马逊网上书店凭借其种类繁多、积少成多的网络销售方式让不畅销书的销售量大大超过畅销书。

3. 维基现象

“维基(快)”源自夏威夷土语，之所以叫维基现象和创始人沃德·坎宁安获得的灵感来源有关，创始人是坐在去夏威夷国际机场的 Wikiwiki 快巴上获得的灵感。维基技术创建的网站可以向所有人开放创建网页和编辑别人的已经创建的网页，达到知识条的完备。

（二）网络营销职业素养及岗位职责

1. 职业素养

① 了解并熟悉行业法律法规，遵纪守法。

② 热爱销售工作，具有良好的语言沟通处理能力，爱岗敬业。

③ 具备良好的客户服务意识及责任心，一定的市场分析及判断能力，能承受较大的工作压力。

④ 诚实守信。

2. 网络营销常见岗位及职责

（1）网络推广专员岗位职责

① 负责公司的产品和公司网站品牌网络推广；

② 依据公司总体市场战略及网站特点，确定网站推广目标及推广方案；

③ 评估、分析网站的关键词等，提高网站排名，利用多种技术形式提升网站人气；

④ 与各部门沟通协调，细化确认需求，按时保质完成网站推广任务；

⑤ 负责日常合作网站的管理及维护并与其他网站进行网站间的资源互换等合作；

⑥ 开发拓展合作的网络媒体，提出网站运营的改进意见和需求；

⑦ 熟悉所有的网络推广手段，精通 BBS、社区、blog 等新兴网络功能，能够在各类网站宣传推广公司产品；

⑧ 协助编辑完成网站页面的美工设计（网站图片处理、网站 banner 设计、动画设计等）；

⑨ 负责在第三方网络平台注册，发布公司、产品信息并搜集客户信息。

⑩ 负责在线客户接待及客户资料的收集和汇总。

（2）网站 SEO

① 企业官网 SEO 优化及内容维护、更新；

② 负责微博、微信、行业门户论坛等内容的发布、更新、维护以及有计划展开品牌推广活动；

③ 网络营销实时进行跟踪和营销效果的评估，以求达到广告的效果最佳；

④ 利用百科、社区、百度贴吧、微博、微信、QQ 群等各种网络营销渠道宣传推广公司网站；

⑤ 收集、研究和处理网络咨询的意见和反馈信息；

⑥ 按期按质完成公司下达的其他各项推广指标。

（3）网站编辑岗位职责

① 负责公司业务宣传和网站内容的收集、编辑、发布和优化；

② 认真完成网站信息的日常更新和内容策划；

③ 认真配合网站美工和技术编辑网站相应内容；

④ 认真了解客户的需求，参与市场营销活动宣传、策划，跟各电视、报纸等媒体的沟通交流达成共识；

（4）网店运营经理岗位职责

① 负责网站的整体运营，制定网站运营方案、策略及计划并组织实施；

② 推动各项业务发展以提升营运效益，实现运营目标，并对 KPI 指标负责；

③ 带领团队进行统计、分析各类网站数据，提出改进方案并完成网站后期的维护及升级；

④ 对公司电子商务平台运营管理制度、流程进行制订、完善并贯彻落实；

⑤ 通过分析和改进用户体验、业务流程，参与电商平台的产品、品牌、市场的规划来实现公司既定目标；

⑥ 通过网站运营如：提升网站价值和黏性，提高会员、商户活跃度，提高申请、交易量，来提升公司形象和网站各项收入；

⑦ 负责日常工作开展，培训团队，规划网站风格、架构、功能、频道等。

（5）网站策划的岗位职责

① 负责网站的日常更新工作；

② 负责网站的相关专题的策划、制作、维护；

③ 负责网站相关的活动推广和策划；

④ 负责新频道或栏目的策划、建站工作；

⑤ 根据网站发展的总体方向，做好自己所负责的栏目的策划、建设。

（6）网上销售代表/客服岗位职责

① 通过各种线上媒介（QQ、搜索页面）与线下渠道方式，寻找并开发潜在客户；

② 掌握客户需求，及时协调解决客户问题，建立良好的客户关系；

③ 通过各种办法完成销售任务，达成销售目标；

④ 通过各种办法为客户提供投资型方案销售服务，帮助客户提升搜索引擎推广消费效果来满足客户要求。

三、情境设计

作为刚学完网络销售基本知识的你，要帮助李阿姨选择网店运营人员还得进一步了解网店运营有哪些岗位，这些岗位人员需要具备怎样的职业素质和技能呢？

四、任务实施

活动一：通过网络搜索，了解网络营销岗位设置情况。

打开智联招聘网站（https：//www. zhaopin. com）如图 1-8 或其他招聘网站，点击左侧“互联网 IT”“市场/销售”类别找到网络营销岗位，请把找到的网络营销岗位填写在表 1-7。

图 1-8 查找网络营销岗位

表 1-7 找到的网络营销岗位

所属类别	网络营销岗位名称

活动二：

通过网络查找具体的网络营销岗要求，分析了解网络营销岗位的职业素养见图1-9。请查找3个以上的网络营销岗位，找到它们的职业素养要求并完成表1-8。

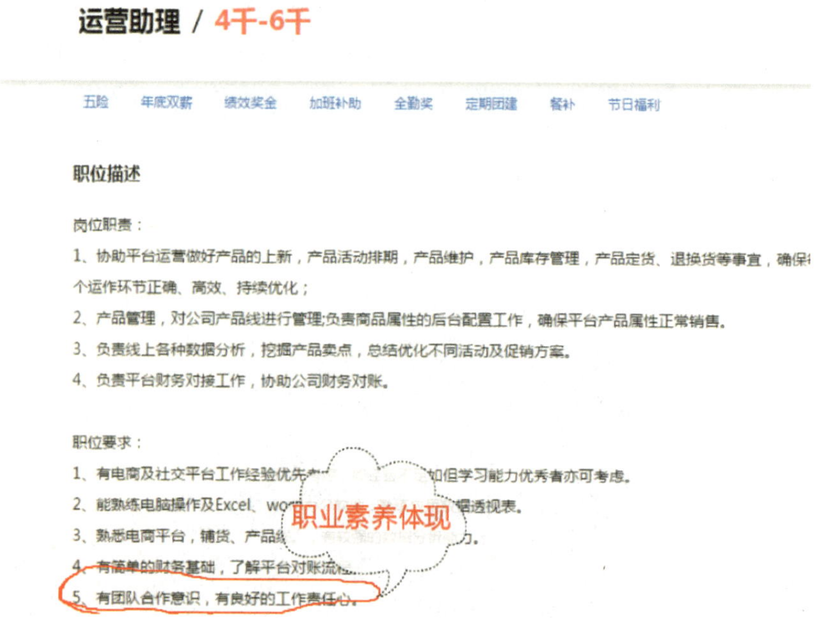

图1-9 网络营销岗位职业素养

表1-8 网络营销岗位素养分析表

网络营销岗位名称	职业素养

活动三：

通过网络查找具体的网络营销岗位，分析了解网络营销岗位要求见图 1-10。请查找 3 个以上的网络营销岗位，找到它们的职责并完成表 1-9。

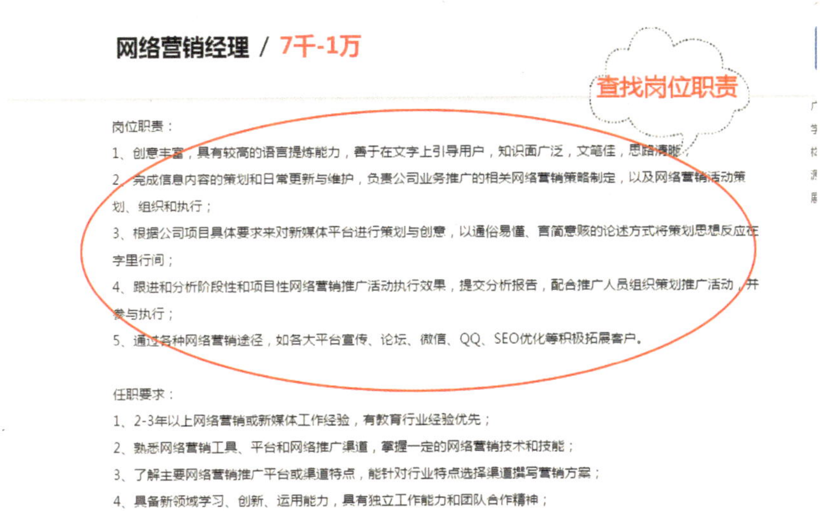

网络营销经理 / 7千-1万

查找岗位职责

岗位职责：

1、创意丰富，具有较高的语言提炼能力，善于在文字上引导用户，知识面广泛，文笔佳，思路清晰；

2、完成信息内容的策划和日常更新与维护，负责公司业务推广的相关网络营销策略制定，以及网络营销活动策划、组织和执行；

3、根据公司项目具体要求来对新媒体平台进行策划与创意，以通俗易懂、言简意赅的论述方式将策划思想反应在字里行间；

4、跟进和分析阶段性和项目性网络营销推广活动执行效果，提交分析报告，配合推广人员组织策划推广活动，并参与执行；

5、通过各种网络营销途径，如各大平台宣传、论坛、微信、QQ、SEO优化等积极拓展客户。

任职要求：

1、2-3年以上网络营销或新媒体工作经验，有教育行业经验优先；

2、熟悉网络营销工具、平台和网络推广渠道，掌握一定的网络营销技术和技能；

3、了解主要网络营销推广平台或渠道特点，能针对行业特点选择渠道撰写营销方案；

4、具备新领域学习、创新、运用能力，具有独立工作能力和团队合作精神；

图 1-10　查找网络营销岗位职责

表 1-9　网络营销岗位职责分析

网络营销岗位名称	岗位职责

学习检测

一、知识检测

（一）单选题

1. 常见的网络营销方式有（　　）

A. 电话营销　　B. 报刊营销　　C. 微信营销　　D. 电视营销

2. 下面不属于网络营销职能的是(　　)

A. 网络品牌　　B. 销售促进　　C. 客户关系　　D. 资源共享

3. 网络营销客体是指(　　)

A. 开展网络营销活动的个人　　B. 开展网络营销活动的组织

C. 开展网络营销活动的标的物　　D. 开展网络营销活动的媒体

4. 以下哪个不属于网络营销优势(　　)

A. 成本低　　B. 双向信息沟通　　C. 8 小时经营　　D. 全球性覆盖

5. 以下哪个不属于网络营销产生的基础(　　)

A. 计算机网络的发展是网络销产生的技术基础

B. 商业竞争的日益激烈化是网络营销产生的现实基础

C. 消费者价值观的变革是网络营销产生的观念基础

D. 电子商务的出现是网络营销的前提

(二) 多选题

1. 以下对网络营销概念的理解正确的有：(　　)

A. 网络营销是建立在互联网基础之上的

B. 网络营销是利用电子信息手段进行的营销活动

C. 网络营销是企业整体营销战略的一个组成部分

D. 网络营销就是电子商务

2. 以下属于网络营销特点的有(　　)

A. 高效性　　B. 交互性　　C. 多媒体性　　D. 经济性

3. 以下属于网络营销人员应当具备的职业素养的有(　　)

A. 爱岗敬业　　B. 责任意识强　　C. 遵纪守法　　D. 诚实守信

4. 网络营销时代出现的新现象有(　　)

A. 赢者通吃现象　　B. 长尾现象　　C. 维基现象　　D. 二八定律现象

5. 以下属于无站点网络营销方式的是(　　)

A. 微博营销　　B. 论坛营销　　C. 微信营销　　D. 搜索引擎营销

(三) 简答题

1. 请查阅网络及书籍资料，说说网络营销与传统营销、电子商务的关系。

2. 请简述网络营销的优势。

3. 请简述网络营销的职能。

(四) 实训题

请结合所学的网络营销知识谈谈自己对网络营销的看法，假如以后你要从事网络营销工作你应当如何规划你的网络营销职业生涯。

二、学习评价

项　目	自评 30%	小组评 30%	教师评 40%	总　分
1. 网络营销的概念				
2. 网络营销的职能				
3. 网络营销岗位优势				
4. 网络营销岗位职责				
5. 网络营销岗位素养				

项目二　认识网络市场

项目导学

网络市场通过互联网（Internet）打破了时空间隔，将买方和卖方聚合在虚拟的市场上，使买卖双方在其中可以进行各种商务活动。与传统市场相比，网络市场的信息、货币、商品和服务24小时不间断地快速流转，能够最大限度地降低市场交易成本，也极大地促进了世界经济一体化。本项目主要学习网络消费者分析，并以具体案例分析网络市场的细分、选择和定位。

项目目标

知识目标： 1. 知道网络市场的概念；
2. 了解网络消费者的类型；
3. 知道网络市场细分的依据。

技能目标： 1. 能辨析网络消费者的类型；
2. 能根据具体案例对网络市场进行目标市场选择和定位。

情感目标： 1. 培养学生对网络市场分析的兴趣；
2. 培养学生观察生活的良好品质。

任务一：网络消费者分析

随着科技的迅猛发展，网络环境日渐优化，智能手机、平板电脑等迅速普及。加上电子商务在移动端的布局，加速了用户网购朝移动端转移。据中国电子商务研究中心数据显示，55%的消费者选择使用移动设备进行网络购物，34.9%的消费者使用电脑进行网络购物，15.9%的消费者委托他人网购商品。且根据调查显示：有32.5%的消费者会选在晚睡前进行网购；26.8%的消费者选择在早上网购；中午的网购消费者占21.5%，下午网购的消费者占19.2%。根据这些分析，购物网站可根据消费者网购时间特性调整策略，更好地满足消费者需求。因此，网络消费者分析在网络营销活动中起着非常重要的作用。

课堂讨论：

网络消费者可以分为哪些类型？

一、任务背景

随着网络购物的普及，网上购买书籍已经成了一种更方便、更快捷、高质量的购书途径。网上书店的优势在于书籍种类范围广，经营成本低，打折幅度大，信息传播速度快，客户遍及网络覆盖区域。同时，网上书店还具有书籍类商品管理、会员管理、订单管理、购物车等功能。网上书店的价格透明，使费者可以通过比较在各个网上书店寻找合适的商品，挑选价格最便宜的商品。有时一些图书在一个网上书店缺货，在另外一个网上书店就可以购买，这比实体店购买要便捷得多。随着网上书店的快速发展，消费者通过网络购书变得越来越常见(图2-1)。

图2-1　当当网上书店首页

二、知识学堂

（一）网络消费者分类

1. 便捷购买型

这类消费者追求直接、方便、快捷的网络购物体验。他们每个月上网的时间很少，但进行的网上交易却占网上销售的一半。企业经营者应该为该类消费者提供真正的便利，使其觉得在自己的网店上购物会节约更多时间。

2. 过程享受型

这类消费者的突出表现是喜欢在网上"冲浪"，他们约占网络消费者的 8%，而他们在网上花费的时间却占了网络消费者总上网时间的 32%，而且他们访问的网页数量是其他网络消费者的 4 倍。此类消费者对设计新颖潮流、更新速度快的网站很感兴趣。

3. 新手体验型

这类消费者是刚开始网络购物的新手，他们上网的大多时间是用于聊天而非购物。在购买时，他们更愿意相信生活中熟悉的品牌，因此在网购时大多会选择著名传统品牌的产品。

4. 讨价还价型

这类消费者本能地喜欢讨价还价，特别喜欢购买便宜商品，会通过价格比较各种类型的网站，通常也喜欢加入网络社区，部分消费者在交易中甚至有强烈的获胜愿望。

5. 内容黏粘型

此类消费者更多关注网站的内容。他们经常访问新闻和商务网站，或者是喜欢运动和娱乐网站，各有偏好，但需求点都是"内容"。

（二）网络消费者的购买动机

① 方便型动机：为了减少体力消耗与心理负担而出现的购买动机；

② 低价型动机：追求低廉价格的一种购买动机，低价定位也是网络销售过程中一种十分奏效的策略；

③ 表现型动机：通过购买商品来达到炫耀自我的一种购买动机，网络购物可以实现他们展示自己个性和与众不同的品位的需要；

④ 好奇型动机：在这个市场中，最潮流、最时尚的商品会以最快的速度与消费者见面，这是一种寻找事物发生原因的购买动机；

⑤ 心理平衡型动机：由于消费者存在某些方面的不足或缺失，需要通过消

费商品来弥补个人的不足，以取得心理平衡。

三、任务情境

目前网上书店主要分为以下四种类型：

① 二手书网站，包含专业旧书网站，部分已无法在一手市场购买。

② 综合型购书网站，涵盖纸质图书、电子图书、音碟、影碟等产品销售。

③ 专业学生教辅书网站，如：中国教学资料发行中心。

④ 专业类书籍网站，如建筑类、医学类、计算机类、金融类、英语类等。

四、任务实施

活动一

请根据目前网上书店的类型，写出该目标消费者的类型和购买动机(表 2-1)。

表 2-1　目标消费者的类型和购买动机

网上书店类型	符合的消费者类型 (结合案例简要描述)	消费者购买动机 (结合案例简要描述)
二手书网站		
综合型购书网站		
专业学生教辅书网站		
专业类书籍网站		

任务二：　网络市场细分及定位

企业想要在网络营销中取得成功，就要对网络市场进行详细研究。在对网络消费群体进行划分之后，每个消费群体就是一个细分市场。网络市场细分是指企业在调查研究的基础上，依据网络消费者的购买欲望、购买动机与习惯爱好的差异性，把网络营销市场划分成不同类型的群体，每个消费群体就构成了企业的一个细分市场。根据不同细分市场的特点，企业为其进行目标市场选择和定位，奠定网络营销活动的基础。

思考：网络目标市场的类型有哪些？

一、任务背景

新华书店隶属于中共中央宣传部(图 2-2)，是中华人民共和国国有图书发行企业，是国家官方的书店，也是国家刊物宣传与发售处之一，其发行网点遍及全国城镇，其管理机构为新华书店总店。新华书店总店在几十年的经营发展中，已累计发行图书 42 亿册、110 万种、210 亿元，累计销售收入 151 亿元，利润总额 4.87 亿元。

然而，网上书店改变了图书产业的市场格局，新华书店在网络的冲击下风光不再。据统计，我国互联网上有近两三万家各类网上书店，其普通快递送货上门业务范围已覆盖全国绝大部分地区。早在 2009 年，就有业内人士预测，5 年内，网络售书将占到图书市场的 30%。2013 年，网上书店的销量已经约占整个图书市场的 35%，有个别品种和地区甚至达到 60% 至 70%，图书产业的市场格局已被网上书店深刻地改变了。2017 年，网上书店渠道依然是市场增长的主要推动力，其中第三方平台业务是网上书店中规模最大的部分，也是增长相对较快的部分。

图 2-2　新华书店实体店

二、知识学堂

(一) 网络目标市场的类型

依据网络消费者的类型分析及研究，网络目标市场的类型主要有以下几种。

1. 新网民市场

该类型用户刚刚开始使用互联网，对网络了解不多但充满好奇心，他们非常希望尝试互联网的各种功能，但又对网上购物缺乏经验和信心，所以往往会先试探性地购买一些低价值的商品，同时，他们也喜欢简单明了的界面和网店详尽的提示。

2. 谨慎购买者市场

该类型用户对网络安全和信息隐私非常担忧，通常只会使用互联网来搜索商品和市场信息，他们需要简明易懂的安全性说明和隐私政策来缓解对互联网的恐惧。

3. 便宜追求者市场

该类型用户经常比较各个购物网站以便寻找价格最低的商品，哪里便宜就会到哪里购买，因此他们不会成为任何商家的忠实顾客。

4. 理智型购物者市场

该类型用户的购买行为一般有着非常明确的目标，而且对所购商品都具有一定了解，他们最关心的是商品的参数。

5. 购物热衷者市场

该类型用户希望从购物中享受乐趣，因此他们的购物频率较高，是最有价值的顾客。

6. 时间短缺者市场

该类型用户往往是迫不得已才选择在网上购物的，对他们来说，方便和可靠才是第一位的，但他们没有时间去实体店寻找所需的商品，只能通过网购解决。

（二）企业最常用的市场定位策略

1. 特征定位

指企业针对消费者或用户对某种产品或某一特征的重视程度，塑造出本企业产品与众不同的个性或形象，并把这种形象生动地传递给顾客，使该产品在市场上确立适当的位置。

2. 利益定位

指企业根据产品所能为消费者或用户带来的需求或提供的利益、解决问题的程度来定位。企业从产品设计、生产之初就考虑如何满足目标市场客户喜好的特征，但由于每位客户的购买动机不尽相同，真正影响客户购买的决定因素是客户认为通过使用产品能得到的利益。

3. 产品使用者定位

指企业正确找出产品的使用者或购买者，并把产品定位为符合该类消费者或用户的方法。

4. 价格定位

因为价格是消费者购买商品时考虑的重要因素之一，企业可通过价格差异化来吸引消费者。

5. 竞争者定位

指企业在定位时直接针对某一特定竞争者，而不是针对某一产品。这种定位方式适合用于短期，企业如非拥有强大的资源，不宜长期使用。

6. 空当定位

指企业把产品或网络服务定位为那些为许多顾客所重视的，但尚未被开发的市场空间。企业必须考虑市场空当是否已经被竞争者发现，是否有一定的规模，同时自身是否有足够的资源和能力，才考虑是否采用这种定位策略。

三、任务情境

面对线上书店的冲击，2015 年起新华书店开始部署进军电商界，实行线上线下相结合的运营模式。此时，当当网在国内号称“网上图书销售老大”，还有卓越亚马逊、京东商城等网站占领了巨大的市场份额。在这种情况下，新华书店想要“突围而出”，必须利用自身的优势，找准市场定位，才能在网络图书销售中分一杯羹。

四、任务实施

请你通过网络搜索新华书店的相关资料，以及阅读本项目“知识大学堂”的要点内容，完成以下任务。

活动二

网络市场细分的依据主要有地理因素、人口因素、心理因素、行为因素，请为网络市场细分的依据进行细分举例，每个依据不少于四项(表 2-2)。

表 2-2 网络市场细分的依据

依　据	地理要素	人口要素	心理因素	行为因素
细分举例	1. 2. 3. 4. ……	1. 2. 3. 4. ……	1. 2. 3. 4. ……	1. 2. 3. 4. ……

活动三

请为新华书店的网络商城选择两个最适合的目标市场，并简要说明原因。

答：我选择的目标市场一是______________________________，因为____________
____
____。

我选择的目标市场二是______________________________，因为________________
____
____。

活动四

请为根据新华书店的特征，为其选择最合适的定位策略，并简要说明原因。

我为新华书店选择的定位策略是______________________________，因为________
____
____。

学习检测

一、知识检测

（一）单选题

1. 根据产品所能满足的需求或提供的利益、解决问题的程度来定位，属于哪种定位策略？（　　）

1. 产品定位　　B. 竞争者定位　　C. 价格定位　　D. 利益定位

A. 一部分消费者在网上花费的时间占了网民总上网时间的 32%，并且他们访问的网页是其他网民的 4 倍，这种类型的消费者属于（　　）

A. 新手体验型　　B. 过程享受型　　C. 讨价还价型　　D. 便捷购买型

3. 由于消费者本人存在某些方面的不足，要通过消费商品来弥补个人的不足以取得心理平衡，这属于哪种购买动机？（　　）

A. 心理平衡型动机　　B. 方便型动机

C. 好奇型动机　　D. 低价型动机

4. 有一类消费者非常喜欢网上购物，希望从购物中心享受乐趣，网购频率非常高。这一类型的消费群体属于下列哪个目标市场？（　　）

A. 理智型购物者市场　　B. 时间短缺者市场

C. 谨慎购买者市场　　D. 购物热衷者市场

5. 实施（　　）策略时，企业必须考虑市场空当是否已经被竞争者发现，是否有一定的规模，同时自身是否有足够的资源和能力。

A. 竞争者定位　　B. 空当定位
C. 产品使用者定位　　D. 特征定位

（二）多选题

1. 以下不属于网络消费者类型的有(　　)
A. 过程享受型　B. 内容简单型　C. 新手体验型　D. 时间享受型
E. 讨价还价型

2. 下列属于网络消费者的购买动机的有(　　)
A. 好奇型动机　B. 方便型动机　C. 复杂型动机　D. 体会型动机
E. 高价型动机

3. 企业常用的市场定位策略有(　　)
A. 特征定位　B. 利益定位　C. 空当定位　D. 产品使用者定位
E. 竞争者定位　F. 价格定位

（三）简答题

1. 依据网络消费者的类型分析及研究，网络目标市场的类型主要有哪些。
2. 网络消费者一般可分为哪几种类型？
3. 使用空当定位策略应注意哪些事项。

（四）实训题

请通过网络查找，简要介绍三家销售排名较高的网上书店。

书店名称	简　介	特　色
书店一：		
书店二：		
书店三：		

二、学习评价

项　目	自评 30%	小组评 30%	教师评 40%	总　分
活动一				
活动二				
活动三				
活动四				

项目三　网站推广

项目导学

网站推广是以互联网手段为基础，在网络基础上进行商务运作。在网络推广运作中，互联网企业是网络推广的主角，因此网站建设受到各企业的重视。随着网购、互联网交易等商业模式的发展，网站推广作为电子商务开展的重要手段，商务网站成为线上商务活动开展的基础，由此可见网站建设和推广的重要性。

在党的十八大会议精神中明确提出，我国将通过网络意识形态安全以及网络强国战略等领域，作为党在网络工作的一项极其重要内容进行贯彻落实。目前，社会主义主流意识形态能在网络空间中积极传播，汇集了正能量，壮大了主流舆论，促使广大网民的自觉广泛使用网络流行语，如“厉害了，我的国！”“为祖国打 CALL！”“点赞中国！”。这是主流网站积极推广的明显效果，在网站推广过程中要进行加强和改进。

项目目标

知识目标： 1. 会复述网站推广的概念；
2. 会列举网站推广常见的表现形式；
3. 会归纳网站推广的常用策略。

技能目标： 1. 能运用论坛发帖推广网站；
2. 能使用博客进行网站推广；
3. 能在抖音、快手等短视频 APP 上发布网站视频。

情感目标： 1. 培养创新精神，通过完成任务激发创意，培养职业规划意识；
2. 塑造爱岗敬业、精益求精的劳动素养，践行社会主义核心价值观。

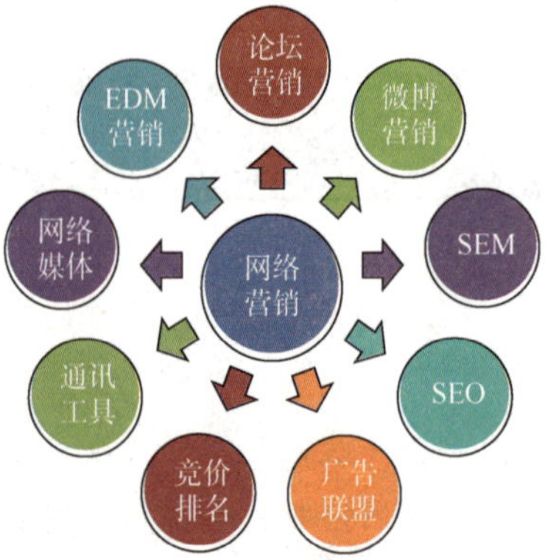

任务一： 自建网站推广

自助建站是借助建站平台生成一个网站，通过自建站可以对来访者的信息进行记录，或者留下联系方式，所有对产品感兴趣的客户或潜在客户都会被保留下来，就有了二次销售的机会。拥有自建站后，就有了网络营销的主节点，所有营销方式都可以有一个自主掌控的主信息中心，通过长时间的积累能形成自己的客户数据库，也为邮件推广和社交媒体营销准备了充分的条件。

课堂讨论：

1. 你看过哪些让你难忘的网站，请复述分享。
2. 目前有哪些热门自建网站平台，为什么受欢迎？
3. 网站构成具体包含哪些部分的内容？

一、任务背景

在我国加快信息化建设的进程中，企业"上网"的数量逐年增加，约有 60 多万家大中小型企业完成网络化建设，但其中有近八成的企业只是顺应潮流而已（图 3-1）。中国的网民在上网时花费了占比非常重的时间，来看时事新闻、八卦新闻，听音乐，闲逛门户网站提供的信息等，只有大概 20%的时间在查找学习、工作相关的有用途信息。因此，通过搜索引擎查找到你公司并访问公司网站的人数每天约有上千万人。如果这上千万人能做到 1 天完成一次有用途信息的搜索，那么能对我国已经上网的 60 多万家大中小型企业的网站平均访问 27 人次。这个推算非常粗糙，但要获取更多的点击访问的人次，唯有通过加强网站推广。通过研究国外案例发现，网站建设不重视，将会被市场淘汰。进入电子商务的快速发展时代，需要建设企业品牌和企业形象，进而开拓市场扩大订单量，需要建设好规范的企业网站并保持稳定增长的访问量，值得所有企业思考和行动。如果已建设的网站还没有推广，一定要结合实际做推广，不推广不如不建站。建站后只有行之有效、坚持不懈地努力才会让网站真正给你带来效益。

图 3-1　常见的自建网站

二、知识学堂

（一）网站推广的意义

对于体量较小的企业来说，公司网站的建设成本和技术要求较高，不建或暂时没有建设公司网站很正常，但对于规模庞大、业务涉及范围广的大型企业，其中不乏少数还没有建设匹配的网站，要么只有总公司的全球网站但没有本土化的简体字网站，要么只有目前还在测试阶段，尚未投入商用的网站。

一直以来，我国很多企业在网站建设的认识和投入方面有所欠缺，即使建设有网站，但也没有和公司的规模相匹配。通过搜索引擎尝试搜索来检验网站的推广效果，例如搜索公司名称，使用 google 或者百度来搜索，如果搜索结果不能显示在第一页，就达不到营销的效果和目的。

每一家公司都有自己的经营法宝，也是他们赖以生存和发展的法宝，但如果再不重视建设公司的网站，若干年后，原来的经营法宝还能继续赖以生存吗？在美欧多国的企业经营实践中已经明显看到，如果不重视网站建设和推广，将会被市场淘汰。

（二）自建网站推广的策略

近年来，企业自主建站是较常用的自我推销手段。根据相关统计，在我国中小企业庞大的网络市场中，已经建成公司网站的中小企业已占三分之二，网站整体设计规范，内容栏目完整，在网站运营中投入了大量的人力物力。

为了达到网站建设和运营能预期的目标，需要借助网络工具和资源进行网站推广，有效整合网络工具和资源，对于电子商务网站推广来说就成为事关重要的环节。

1. SEO 策略

在网站推广中，SEO 效果好，是最主要的方式。在浩如烟海的互联网络中，用户寻找自己所需的信息就像大海捞针。但通过搜索引擎技术，广大用户可以便捷并准确地查找到对应的搜索结果。从中国互联网信息中心调查报告中可以看到，用户了解新网站的最主要途径是使用搜索引擎进行有目的搜索，搜索引擎引导的网站访问量能高达 80%以上。由此可见，搜索引擎在网站推广的众多方式中，具有效果好、成熟度高的特点。因此，网站推广如果想要用户通过搜索引擎查找到企业网站并收录，做好搜索引擎优化非常关键。提炼出网站的关键词并让关键词在我国主要的搜索引擎中排名领先，就能大大地增加在用户搜索结果的曝光率，达到网站推广的目的。以下将根据搜索引擎的收录规则，围绕企业电子商务网站如何使用 SEO 策略获得更好的网站排名，增加被搜索引擎收录的几种方法展开介绍。

（1）优化 HTML 标签

优化 HTML 标签，主要是对<Title>、<>和<Hn>进行设置，这三个标签是 SEO 优化的最重要内容。在这三个标签中，网页标题的内容是<Title>标签来实现的，<Title>标签主要是说明网页中最重要的内容，标题要简洁、清晰、有吸引力，能高度概括整个网站或者网页内容，并对每个网页都做好标题设计，提升搜索引擎带来的流量。网页标题放在<Title>和</Title>中实现，如<Title>网页标题</Title>。<>标签是用来描述网页的，对网页起到说明的作用，在说明中描述了网页的内容、使用的关键词及词组，这些描述信息不直接显示在浏览器里面，只是作为对网页的一种说明，但是不少搜索引擎却能够通过<>标签找到网页，就是依据里面提供的关键词和描述，由此可见其作用。因此在添加关键词和描述的时候应该尽量符合网页的内容，如果采取欺骗手段来欺骗搜索引擎的话将会受到搜索引擎的惩罚。<>标签用法如下：<name="keywords" content=要添加的电子商务网站关键词"><name="deion" content="要添加的电子商务网站描述">，放在<Head>和</Head>之间。<Hn>用来设置网页粗体文字，一般用在重要的标题之间，以显示其重要性，搜索引擎很重视粗体文字，认为这是网页的重要内容。因此在网站内容设计的时候应该考虑到这些。<Hn>标签用法如下：<Hn>要显示的粗体文字 </Hn>(n 取值 1~6，值越大文字越小)。

（2）网站整体架构策略

在网站进行开发设计时，网站的建设构想要考虑到搜索引擎对框架的识别能力不强的问题，结合网络推广的目的尽量少用框架，减少搜索引擎对网络推广的限制。一是在首页设计上要考虑到搜索引擎对 FLASH 和 JAVA 的识别能力不强，不要使用大尺寸的图片，不使用整个 FLASH 模板或者大量的 JAVA 来实现特效；二是网站设计要科学合理，设计网站的页面布局、内容分布、模块设置等方面，要符合用户使用搜索引擎的习惯，增强客户访问网站的黏性，提升网站搜索排名。

（3）搜索引擎注册

我国的搜索引擎能提供搜索引擎注册服务，建议企业网站注册到搜索引擎里面，这是开展 SEO 最好方式。注册搜索引擎分为免费和付费，付费比免费实现的效果明显较好，另外还可以通过相关的搜索引擎注册软件将企业网站注册到相关的搜索引擎中。至于具体怎么注册和如何选择这里就不多说，企业可以查找这些搜索引擎的服务网站，详细了解每个提供搜索引擎的服务商标准内容。

2. 链接策略

据调查统计，一个网站链接到另外一个网站只要通过 8、9 个网页链接就能够到达，由此可见网站链接的重要性。正是由于网站链接能够给企业带来更多的流量，而且自从 Google 等主要搜索引擎将网站的链接广泛度作为排名参考的重要因素以后，网站链接越来越受到人们重视。那么如何进行网站链接呢？可以采用以下方式：

（1）请求互换链接

网站之间互相交换链接有助于增加双方的访问量及推广力度，但是在选择交换链接时应该注意尽量寻找一些企业网站内容相关的或者互补的站点并向对方要求互换链接，这样一来增加了双方的访问量，二来可以给客户提供更加周全的服务，也避免了直接的竞争，实现资源的优势互补。同时应该尽量选择和自己流量相当的网站进行链接，并把链接放在特定的不明显的位置，以免访问者刚进企业网站不久就被其所链接网站吸引走了。最后应该注意的就是在交换链接选取时，并不是和自己互补或者相关的就可以链接，还应该考虑网站的链接质量，如果链接质量低的话最好舍弃。

（2）注册检索目录、行业站点、专业目录

将网站提交到专业的检索目录和相关的行业站点和专业目录中，通过提交到这些专业的检索目录和相关的行业站点，这样吸引而来的访问者更具有目标性，更容易就某些问题达成协议，实现电子商务的开展。当然重要的是选择哪些检索目录和行业站点了，这个需要企业根据不同性质加以区分，找到适合自己企业的检索目录和行业站点。

3. 离线广告宣传策略

离线广告宣传其实就是运用传统大众媒体作网站推广，在网站推广的过程中，除了应用网络技术外，传统的推广手段也可以使用，线上和线下的推广结合起来效果更好。也包括印在名片、小册子、信笺、宣传资料等一切用户能看到的载体上。

（1）离线广告宣传的趋势

以往当红网站是网络广告的热门投放载体，但目前网站的广告预算有转至传统媒体的趋势。在三年前，只有像 Yahoo、AOL、Excite 等一类主要的品牌才进行大规模的线下宣传推广，而那些刚刚开始利用宣传媒体的网上品牌，虽然没有在有限电视网的黄金时段上花费太多本钱，却也通过投资电视短片、平面和户外广告来大造声势。

（2）大众媒体塑造网站形象

传统媒体宣传能够扩大网站的知名度，增加网站在未上网人口中的曝光率，尤其是对塑造网站品牌的形象具有明显的帮助。主要选择的媒体是有着广泛受众基础的传统广告媒介，如报纸和电视，特别是受年轻人青睐的报纸和电视节目。在广告创意上，由于网站推广广告的目标受众大多数是勇于尝新、具有某种逆反心理的“新新人类”，因此，有“另类”感觉的广告创意往往有比较好的效果。其中形象塑造是一项基本的要求，网站品牌个性的建立需要寻找恰当的代言人。

（3）户外媒体的特色

户外媒体(如路牌、灯箱，包括交通媒体，公共汽车、出租车车身等)是网站推广的一道独特风景，以其信息传递上的强迫性和广泛性大大提高普及网络意识的效率。因此，它在电子商务刚刚兴起的时期里有着特殊的作用。户外媒体对网站推广的独特魅力在于：一是可以帮助网站迅速地提高知名度，而这恰恰是各大网站所渴求的；二是适合网站宣传内容十分简洁的要求；三是能有效达到目标受众；四是广告价格低廉，经济实惠。

4. E-mail 策略

企业在处理日常事务时总是会用到既便宜又快捷的 E-mail，每天发出的众多

E-mail 也是企业进行网站推广的重要工具。进行 E-mail 策略有以下几个方法可以参考：

(1) 创建签名档

在邮件中创建签名档是一个很有效的方法。

(2) 建立企业的邮件列表

建立企业的邮件列表，定期向邮件列表用户发送企业的最新信息、产品动态、行业动态、调查问卷以及企业举办的一些活动信息，通过这些可以与客户保持紧密联系，在建立信任及建立长期关系方面起到很好的效果。

(3) 租用邮件列表

可以向很多邮件服务提供商租用邮件列表，以获取愿意接受企业信息相关用户的邮件地址，扩大企业邮件的受众度，而达到企业信息的有效传播。最后值得注意的是在发邮件的时候可以借助一些相关的邮件群软件以减少邮件发送的工作量，同时应该有选择地发送，其中一条很重要的原则就是基于用户许可的 E-mail 营销推广，如果毫无选择地发送则将会取得适得其反的效果，并且在邮件的主题和正文设计方面应下一些功夫，多做一些思考，以达到 E-mail 营销推广的良好效果。

5. 整合策略

除以上所述的方法外，还可以把众多的网站推广方法整合起来，以达到网站推广效果的综合提升。在进行整合推广策略时：

(1) 加入讨论

可以加入一些比较专业的群、新闻组、邮件列表中进行讨论，通过企业自己的优势为广大网民提供专业的服务，但是在这些组、群中讨论时尽量不要直接介绍和推广企业的产品和服务，因为现在的网民大多数还是比较重视网络道德的，所以应该尊重他们。但是为了达到推广的效果可以在为网民服务时添加自己的 E-mail 或者公司网站，这样采取的在商不直接言商的策略效果会更好。

(2) 参加有公益性质的活动

企业应该多参加一些具有公益性质的活动，或者具有重大意义的会议、竞赛，并对这些活动给以支持赞助，可以在社会上树立良好的口碑，树立良好的企业形象和品牌形象，为企业进行病毒性营销开创了良好的条件。

(3) 网摘推广

这是网站推广的最好办法！只要你推荐你网站的一两篇好文章，你就会发现，从网摘过来的访问量是惊人的。推荐几个访问量比较大的网摘：天天网摘、加加文摘、人人网摘、新浪 VIVI、我摘等。推荐文章的时候要注意，文章在于精而不在于多！在使用网摘之前，一定要先阅读说明，以免因触犯规定而被列入黑名单。如果有条件与这些网摘建立合作关系，那是再好不过的了，每天访问量增加明显。向网摘推荐文章也要把握好时间，一般选择在上网高峰即将到来的时间推荐，只有在高峰到来的时候，你的推荐文章访问量比别人多，才可以在人气榜上显示。一旦登上人气榜，访问量将是惊人的。如果在上网高峰时间推荐，那么你的推荐文章将很快沉下去，效果将大打折扣。根据经验，发现早晨 8：00～8：30 是向网摘推荐文章的黄金时间！

（4）网吧推广

很多人接触电脑是从网吧开始的，如果第一次上网就浏览你的网站，那印象一定很深刻。具体怎么推广呢？如果能和网吧经营者达成合作协议，可以将网吧电脑的首页都设成需要推广的网站(一般设置好之后，没有管理权限是修改不了的)。

（5）网站结盟

企业应该从客户的需求出发，一切做到为用户着想，用户的眼光是挑剔的，如何在众多的企业网站中让客户选择你的网站，这就关系到企业会员制营销是否成功。所以企业电子商务网站应尽量人性化，多从客户角度思考问题。比如说和一些网站结盟，给结盟网站予以一定的特殊权利，对网站的会员适当地奖励等都是提高客户对企业网站忠诚度的重要措施。

（6）网络广告

在网站推广中还应该重视的就是网络广告，网络广告作为一种新兴的媒介，它的出现，使得网络变得丰富多彩，因此企业可以和其他企业进行网络广告交换，或者购买一些付费广告，将更加迅速地推广企业的网站。

（三）总结

真正有成效的网站推广并不仅仅是登录几个搜索引擎、做几个交换链接、注册网络实名/通用网址，或者购买几个关键词的搜索引擎广告这么简单，这些常见的推广方式是网站推广的基本手段，但并不意味着网站推广的全部，更不代表进行了这些基本工作就完成了网站推广的任务，而是要综合考虑多种相关因素，根据企业内部资源条件和外部经营环境来制定针对性的网站推广策略，并且对网站推广各个环节、各个阶段的发展状况进行有效的控制和管理。

随着 Internet 技术的不断发展，新技术层出不穷，网站推广也应该随着时代的发展而不断更新，要有效地进行电子商务网站推广，需要企业在自己网站推广的实践中不断摸索，不断整合各种有效的符合企业的网站推广方法，达到网站推广的目的，最终实现电子商务！

三、任务情境

海神有限公司是一家成立了将近 20 年的公司，该公司主营儿童服装。近年来儿童服装市场竞争愈发激烈，市场部小刘发现目前网络营销很火，想建立公司自己的网站，并向同事初步表达了他的想法。同事建议小刘把自己的想法形成策划案，向经理请示。假设你是小刘，要怎么落实这个想法？

分析：小刘首先要了解清楚什么是自建网站推广，并对自建网站推广有系统的概念。并善于运用公司 20 周年庆、儿童服装时尚秀等方面构思网站建设主题、内容、形式、发布平台等，最后形成策划案。

四、任务实施

实施流程图：

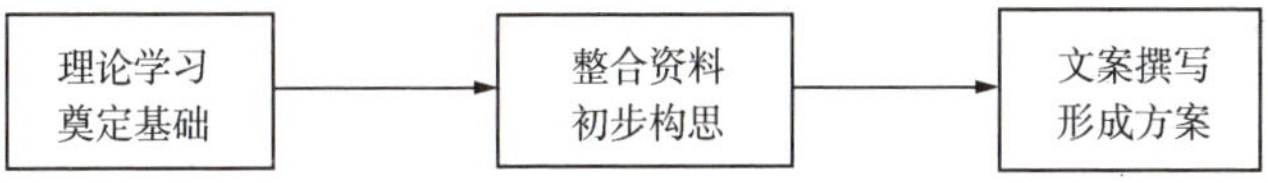

活动一：理论学习，奠定基础

提示：

1. 阅读相关专业书籍，学习自建网站推广基础知识，包括概念、优势、形式、策略等；

2. 各小组进行小组讨论并分工合作，收集相应知识点的内容，填写表格（表 3-1），汇总知识点。

表 3-1　自建网站推广理论学习

序　号	知识点	备　注

活动二：整合资料，初步构思

提示：

1. 通过网络搜索，了解自建网站推广的最新发展，收集整理相关资讯；

2. 各小组进行组内讨论并分工合作，记录整合，为后续策划做准备（表 3-2）。

表 3-2 自建网站推广网络资源整合

序　号	网络资源	备　注

活动三：文案撰写，形成方案

提示：

1. 通过讨论，确定自建网站推广主题、内容、形式、发布平台等；
2. 进行文案撰写，形成策划案。

序　号	项　目	具体内容
1	主题	
2	内容	
3	形式	
4	发布平台	

任务二：　第三方平台推广

第三方平台推广是网站推广的其中一部分，除本网站(网站优化、竞价推广等)以外的其他网络平台渠道及推广方式统称为第三方营销。主要包括：微信营销、QQ 营销、论坛贴吧营销、博客分类信息网营销、自媒体新媒体营销、视频问答营销等。了解和掌握其渠道特点、使用方法、相关技巧、工作经验等，能够让大家对其相应网络营销渠道有一个全面的了解和认识，更好地进行第三方营销推广活动。

课堂讨论：

1. 你看过哪些让你觉得影响力很大的第三方平台，请描述分享。
2. 目前有哪些成功的第三方平台推广案例，为什么会成功？

一、任务背景

一个公司没有网站，对于小公司来说很正常，不过仍有相当一部分企业，其规模非常的大，却没有正规的网站，或者只有母公司的网站，没有简体字网站，或者经过测试，还没有能顺利打开的网站。有些公司的网站即使有，也和公司的规模不成比例。检索网站可以用搜索引擎搜索，选择 google 或者百度，搜索公司名称，如果第一页都搜索不到，不推广怎么行呢。其实很多公司都是依靠第三方平台来发展自己的品牌的(图 3-2)。

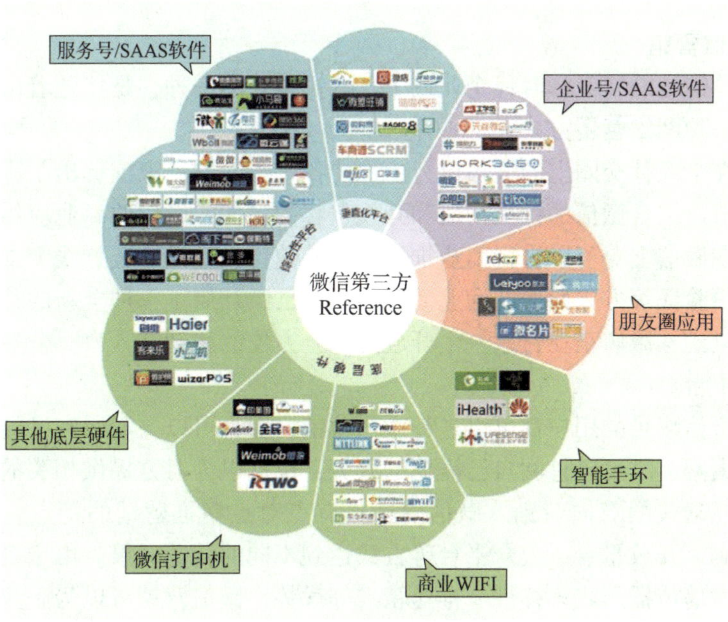

图 3-2　微信第三方平台

二、知识学堂

在 Web2.0 到来的今天，企业借助第三方平台开展网络营销逐渐成为新一轮的流行主题。

(一) 企业选择第三方平台推广考虑的因素

1. 产品定位

根据产品的目标人群选取对应的网络营销平台，不同的网络平台都会有所属的人群存在，对目标人群投放推广广告。

2. 产品包装

通过人群定向进行产品包装，分类投放到不同的平台，可以扩大投放的覆盖面。属于广泛式网络营销投放。

3. 品牌与口碑

在选第三方网络营销平台时，要注意企业品牌与口碑宣传，通过信誉的第三方平台，更有效去宣导公司的品质服务与高端技术，促进用户满意度的提高。

（二）主流第三方平台推广

1. 微信营销

微信营销是网络经济时代企业或个人营销模式的一种，是伴随着微信的火热而兴起的一种网络营销方式。

微信在个人社交圈上的火热流行，也让各行各业的商家挖掘出了许多可实现的商业价值。结合微信的社交功能和开放包容的属性，微信的商业应用不断流行和完善。在微信上，可以进行商业推广、商品销售、开设店铺、线上支付、信息搜集、身份验证等方方面面的商业活动，微信已经开启了一种全新的移动端商业模式。可以说，微店正在打造一个开放的、全方位的移动端入口，营造多层次的消费体验平台。

拥有微信账号的用户都可以进行微信营销，而且可以关联所有已经注册的人形成关系大网，既可以订阅自己需要的服务，也可以为对方提供相关的信息和服务，实现互动式的双向营销。微信营销具有点对点精准营销的特点，通过漂流瓶、二维码、开放平台、公众平台等方式达到不同的营销效果。由于具备用户数据庞大、微信传播形式多样性、推送精准等优势，微信营销可以为企业带来消费者关注度，提高企业产品知名度和销量，成为企业选择第三方平台进行推广的主流选择之一。

2. 微博营销

微博是社会化营销的第一工具、第一平台。目前，微博营销已成为一种常见的必备的推广方法之一，企业依托微博进行推广营销也越来越普遍。

微博营销是指通过微博平台为商家、个人等创造价值而执行的一种营销方式，也是指商家或个人通过微博平台发现并满足用户的各类需求的商业行为方式。企业以微博作为推广营销平台，充分吸取每一位潜在的营销对象，通过事件、话题、新闻等大家感兴趣的内容，结合企业产品、经营策略等，向网友传播企业信息、产品信息，树立良好的企业形象和产品形象。

企业微博营销是企业推广营销的主要阵地。企业一般是以盈利为目的，他们使用微博往往是想增加企业的知名度，最后达到能够销售更多的产品的目的。要达到既定的推广营销效果，需要建立固定的消费群体，与粉丝多交流，多互动，多做企业宣传工作。这就可以通过微博营销具有的多媒体和全方位展现信息、超便捷发布信息、高速度地传播信息、更广泛地影响消费者的特点，既节约了大量的时间成本和金钱成本，又能实现信息的即时分享、传播互动，使企业通过第三方平台推广的既定推广目标能得到最大效果的实现。

3. 自媒体新媒体营销

近年来，互联网技术发展和普及，个人和企业使用互联网便利产生了越来越多的宣传手段，通过平台，人人都可以成为自媒体。其中，短视频已经是自媒体和新媒体的重要表现形式，因此催生了视频营销和众多的网络视频平台、短视频平台。

视频营销是一种以视频为主体，以内容为核心，以创意为导向，进行产品或服务营销和品牌传播的营销方式。互联网技术的普及使视频营销得到快速应用，网络视频、宣传片、微电影等都是视频营销的常见方式。

企业可以通过网络视频介绍优势产品或企业品牌，在视频营销的目标精确、内容趣味正面、互动性强、传播速度快和范围广的优势下，可以花费更少的成本，精准快速地找到潜在客户，并使客户保持高度关注和快速传播内容，通过大数据技术测量到推广的效果。

企业进行视频营销主要通过传统的网络视频平台和短视频平台。网络视频平台主要包括爱奇艺视频、腾讯视频、优酷视频、芒果 TV 等，短视频平台目前比较火的有抖音、快手、火山、美拍、秒拍、小咖秀等。企业不但能通过视频营销宣传企业和产品，甚至能实现宣传推广的效益变现。

三、任务情境

天天有限公司是一家成立了将近 20 年的公司，该公司主营家具。近年来家具市场竞争愈发激烈，市场部小刘发现目前网络营销很火，想通过第三方平台进行推广，并向同事初步表达了他的想法。同事建议小刘把自己的想法形成策划案，向经理请示。假设你是小刘，你怎么办？

分析：小刘首先要了解清楚什么是第三方平台推广，并对第三方平台推广有系统的概念。并善于运用双十一时机、各类风格家具展销等方面构思第三方平台推广建设主题、内容、形式、发布平台等，最后形成策划案。

四、任务实施

实施流程图：

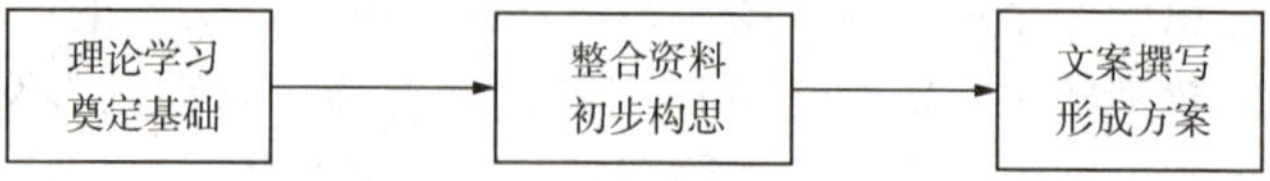

活动一：理论学习，奠定基础

提示：

1. 阅读相关专业书籍，学习第三方平台推广基础知识，包括概念、优势、形式、策略等；

2. 各小组进行小组讨论并分工合作，收集、汇总相应知识点的内容，填写表格(表 3-3)。

表 3-3　第三方平台推广理论学习

序　号	知识点	备　注

活动二：整合资料，初步构思

提示：

1. 通过网络搜索，了解网络上的第三方平台推广的最新发展，收集整理相关资讯；

2. 各小组进行小组讨论并分工合作，记录整合，为后续策划做准备(表 3-4)。

表 3-4　第三方平台推广网络资源整合

序　号	网络资源	备　注

活动三：文案撰写，形成方案

提示：

1. 通过讨论，确定第三方平台推广主题、内容、形式、发布平台等；

2. 进行文案撰写，形成策划案。

序　号	项　目	具体内容
1	主题	
2	内容	
3	形式	
4	发布平台	

学习检测

一、知识检测

（一）单选题

1. 搜索引擎推广中最重要的策略是(　　)。

A. 排名领先　　B. 资源领先　　C. 点击量领先　　D. 关键词领先

2. 下列哪个标签是用来实现网页标题的。(　　)

A. <Title>　　B. <>　　C. <Hn>　　D.《subject》

3. 下列哪个标签是用来描述网页的，对网页起到说明的作用？(　　)

A. <Title>　　B. <>　　C. <Hn>　　D.《subject》

4. (　　)是网站推广最主要、最有效的方式。

A. SEO　　B. 自建网站　　C. 购买服务　　D. 链接热网

5. 参加有公益性质的活动属于(　　)策略

A. 整合　　B. 链接　　C. 搜索引擎　　D. 推销

（二）多选题

1. SEO 策略包括哪些内容？(　　)

A. HTML 标签优化　　B. 网络整体框架

C. 搜索引擎注册　　D. 积极参考借鉴

2. 链接策略包括哪些内容？(　　)

A. HTML 标签优化

B. 请求互换链接

C. 注册检索目录、行业站点、专业目录

D. 积极参考借鉴策略

3. 离线广告宣传策略包括哪些内容？(　　)

A. 离线广告宣传的趋势　　B. 大众媒体塑造网站形象
C. 户外媒体的特色　　D. 积极拉来广告赞助

4. 企业选择第三方平台推广考虑的因素有哪些？（　　）
A. 产品定位　　B. 产品包装　　C. 品牌与口碑　　D. 产品生产周期

5. 微博营销的特点有哪些？（　　）
A. 多媒体和全方位展现信息　　B. 超便捷发布信息
C. 高速度地传播信息　　D. 更广泛地影响消费者

（三）简答题

1. 目前比较常见的网站推广形式主要包括哪些？
2. SEO 策略包括哪几个环节？

（四）实训题

请以国庆节为主题，围绕“建国 70 周年”，结合企业实际对企业网站进行设计推广。

二、学习评价

项　目	自评 30%	小组评 30%	教师评 40%	总　分
1. 能理解并复述网站推广相关理论知识				
2. 能进行网站设计，框架鲜明				
3. 能运用软件进行网站内容调整编辑				
4. 能选择适当的第三方平台发布企业信息				

项目四　微信营销

项目导学

微信是腾讯公司于2011年1月21日推出的一个为智能终端提供即时通信服务的免费应用程序，微信支持通过网络快速发送语音短信、视频、图片和文字。本项目围绕微信营销的概念、特点、常用方式、作用以及转化过程进行阐述，通过设置任务引导学生体验微信公众号营销的具体操作，培养学生对新媒体运营的敏感性。

项目目标

知识目标： 1. 说出微信营销的概念、特点、常用方式、作用；

2. 说出微信公众号的概念、类型和特点用途。

技能目标： 1. 根据案例分析微信营销如何进行转化；

2. 区分不同类型的微信公众号；

情感目标： 1. 提高学生对新媒体运营的敏感性，增强诚信营销意识；

2. 通过设置工作岗位情景，引导学生认识微信运营专员岗位职责，增强职业生涯规划意识。

任务一：认识微信营销

1 号店曾经在微信中推出“你画我猜”游戏活动，游戏活动规则是用户先关注 1 号店的微信公众号，接着 1 号店每天推送一张图片给订阅用户，用户可以参与互动式的竞猜活动，将自己的答案发送给 1 号店，如果猜中图片答案并且在所规定的名额范围内就可以获得奖品。

其实“你画我猜”的概念并非 1 号店自主研发，只是 1 号店首次以游戏的形式结合到微信活动推广中来。借助奖品，进行粉丝的有效激励，最终达到品牌植入和粉丝增长的目的。

课堂讨论：

1. 请大家说说案例中 1 号店采取哪种网络营销方式？
2. 你认为 1 号店采取这种网络营销方式可不可取呢？

一、任务背景

微信在商业领域也被很多企业和商家纷纷使用，进行商业推广、商品销售、开设店铺、线上支付、信息搜集、身份验证……微信开启了一种全新的移动端商业模式。可以说，微店正在打造一个开放的、全方位的移动端入口，营造多层次的消费体验平台。

一名市场营销人员如果想熟练运用微信进行营销，必须先了解微信营销的概念，熟悉微信营销的类型和区别，明确微信营销的价值。本小节将对微信的基本知识进行介绍，帮助用户认识微信营销。

二、知识学堂

微信营销是网络经济时代下一种创新型的网络营销模式，是伴随着微信的广泛运用而产生的一种营销新方式。随着微信用户规模不断壮大，4G 网络和移动设备的普及，微信营销逐渐发力，在营销市场占据重要的地位，未来发展空间非常广阔。

（一）微信营销的概述

无论是传统企业，还是新型互联网企业、电商、微商，都在微信的影响下开始调整自己的经营和营销策略，努力适应新时代的需求。作为国内最大的线上购物平台之一的美丽说，开通微信公众号——“美丽说”和“美丽说中心”，两个公众号为美丽说搭建完美的营销平台，不仅保证商品的销售和推广，还保证售后服务和市场反馈，赢取大量粉丝的信任和支持。

销售渠道和售后反馈渠道的畅通，新媒体营销就不会做得太差。在 2012 年，招商银行借助微信漂流瓶功能发起一场“爱心漂流瓶”慈善性质的营销活动，用户“捡到”招商银行“扔出”的漂流瓶，可以在“漂流瓶”中给自闭症儿童说一些祝福的话等。随后招商银行会根据用户的参与情况，通过壹基金的“海洋天堂”计划来购买为自闭症儿童提供的专业辅导训练。“爱心漂流瓶”是一起兼备技术性和创意性的微信营销活动案例。以上这 2 则是典型的微信营销的案例，向我们展示未来互联网、移动互联网经济当道，随着互联网技术、移动互联网技术、智能设备、移动设备的进一步发展，微信营销必将成为不可取代的一种营销模式。

那么，什么是微信营销呢？

微信营销是伴随着微信的火热而兴起的一种网络营销方式。只要注册有微信账号的用户都可以进行微信营销，因为一旦成为微信用户就意味着与所有已经注册的人形成某种联系，这种联系就犹如一张大网。一方面可以在他人的平台上订阅自己所需的信息、享用自己所需的服务，另一方面可以为对方提供相关的信息和服务，从而实现互动式的双向营销。微信营销的双向性体现在微信用户可以订阅自己需要的服务，享用自己需要的服务。同时，也可以为对方提供相应的信息和服务，实现点对点的营销。

（二）微信营销的特点

1. 点对点精准营销

微信拥有庞大的用户群，借助移动终端、天然的社交和位置定位等优势，每个信息都是可以推送的。能够让每个个体都有机会接收到这个信息，继而帮助商家实现点对点精准化营销。

2. 形式灵活多样

微信是一个可以实现多功能营销的平台，且不同的功能具备不同的特色，能达到不同的营销效果。

（1）位置签名

商家可以利用“用户签名档”这个免费的广告为自己做宣传，附近的微信用户就能看到商家的信息，如 K5 便利店等就利用了微信签名档的营销方式。

（2）二维码

用户可以通过扫描识别二维码身份来添加朋友、关注企业账号，企业则可以设定自己品牌的二维码，用折扣和优惠来吸引用户关注，开拓 O2O 的营销模式。

（3）开放平台

通过微信开放平台，应用开发者可以接入第三方应用，还可以将应用的 LOGO 放入微信附件栏，使用户可以方便地在会话中调用第三方应用进行内容选择与分享。如美丽说的用户可以将美丽说中的内容分享到微信中，可以使一件美丽说的商品得到不断传播，进而实现口碑营销。

（4）公众平台

在微信公众平台上，每个人都可以用一个 QQ 号码，打造自己的微信账号，并在微信平台上实现和特定群体的文字、图片、语音的全方位沟通互动。

3. 强关系的机遇

微信的点对点产品形态注定了其能够通过互动的形式将普通关系发展成强关系，从而产生更大的价值。通过互动的形式与用户建立联系，互动就是聊天，可以解答疑惑，可以讲故事，甚至可以“卖萌”，用一切形式让企业与消费者形成朋友的关系。

（三）微信营销的常用方式

1. 互动式推送微信

通过一对一的推送、悬赏，可以与“粉丝”开展个性化的互动活动，提供更加直接的互动体验，根据用户关注的商家发送品牌信息。

2. 陪聊式对话微信

微信开放平台提供基本活动会话功能，让品牌与用户之间交互沟通，陪聊式的对话要有针对性、一定的人力成本投入，使品牌在短时间内获得一定的知名度。

3. O2O 模式——二维码

微信用户只要用手机扫描特有的二维码，就享有电子食品卡及其他会员优惠活动，商家可设定自己品牌的二维码，通过赠送优惠券吸引用户关注。

4. 地理位置推送 LBS

商家根据自己的地理位置查找周围微信用户，将促销信息推送给附近用户，以实现准确投放。

5. 社交分享——第三方应用

微信开放平台是微信 4.0 版本推出的新功能，应用开发者可通过微信开放接口接入第三方应用，还可以将应用的 LOGO 放入微信附件栏中，让微信用户方便地在会话中调用第三方应用进行内容选择与分享。

（四）微信在营销中的作用

1. 大大降低了企业宣传推广的成本

微信出现之前，大多数企业的宣传推广工作都是通过传统的广告方式来做的，比如电视广告、报纸广告、百度竞价等。这些形式的效果不容置疑，企业花大量资金打造这些渠道后，的确带来了巨大的销售量，但缺点也是致命的，成本太高，持续性较差，所以很多时候销售量与广告费是成正比的。而通过创建自己的广告平台，则可以节省庞大的广告费用。

2. 极大地提升了客户服务效率和质量

客户流失一直是困扰很多企业的一个大问题，好不容易积累起来的客户群，由于维护不恰当而导致客户流失。这是因为传统的客服模式效率太低，无法满足客户的需求。

但是运用微信营销则可以解决这个问题，微信公众平台有一个智能客服功能，对企业来说可以节省人力成本，只要输入关键字或问题，系统就可以提供自动化的服务，客户服务成本大大降低。

3. 有利于构建客户群，强化客户忠诚度

微信大范围运用以来，社群开始进入了以“人”为中心，以“连接一切”为基础的 3.0 时代，微信成了特定社群成员间的主要沟通工具，最常使用的微信群、QQ 群、微信公众号皆是社群时代下的产物。

这说明企业必须构建自己的社群（客户群），并形成自己的特色，以充分调动客户的积极性，让其参与到营销中来。通过社群把目标客户引流到微信公众平台上，然后用高质量的产品、良好的服务去影响客户，让他们对产品产生信任和依赖，提高他们对企业的忠诚度。

4. 可进行“病毒”式的口碑推广

朋友圈是万能的，在朋友圈可以解决神仙无法解决的问题，这也从侧面反映出微信朋友圈强大的传播能力，已经有很多事实证明，一条普通的信息在朋友圈经过点赞、转发后，很有可能形成爆炸式传播效果，传播效果范围得到扩大，传播速度得到加快。

（五）微信营销的转化模式

微信营销价值体现在用户数据庞大、微信传播形式多样性、推送精准等方面。腾讯公布了 2019 年第一季业绩，报告显示，2019 年首季微信及 WeChat 的合并月活跃账户数达 11.12 亿，同比增长 6.9%，用户对微信产生很强的黏性，已经养成刷朋友圈的习惯，通过朋友圈的点赞、转发、关注等方式，商品口碑可以快速发展，为企业带来消费者关注度，提高企业产品知名度和销量（图 4-1）。

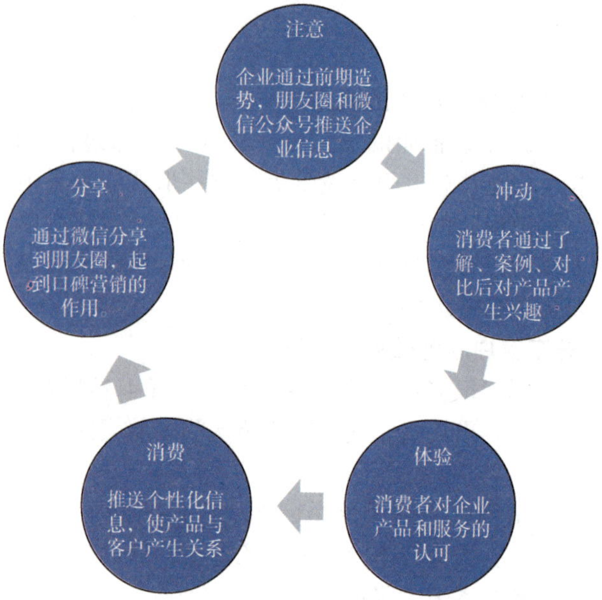

图 4-1　微信营销的转化模式

三、任务情景

李丽是一名中专准毕业生，她在学校读书期间自己在淘宝网店开了一个女装类目的淘宝网店，主营 16~25 岁女性服装。随着该网店不断壮大发展和微信不断火爆，想借助微信推广自己的网店，提高网店的人流量和订单量。可她对微信营销的认识比较少，希望找个电商专业的小伙伴一起帮她做好网店推广。

作为电商专业的你很想加入李丽的团队，要帮助李丽，应先了解什么是微信营销、微信营销的特点、微信营销的常用方式、微信营销的作用以及微信营销如何进行转化。下面我们一起来学习吧。

四、任务实施

活动一：

借助网络资料搜索和本节课的知识大学堂，总结归纳微信营销的概念和特点。

1. 微信营销的概念

2. 微信营销的特点

活动二：体验微信应用，概括总结微信营销的常用方式

1. 请你登录微信，在微信平台查找“附近的餐厅”，看看“推荐”的餐厅哪些是你认识的？并总结“附近餐厅”的营销价值？

“附近餐厅”推荐的餐厅有哪些	
“附近餐厅”的营销价值	

2. 请你登录微信，进入“发现——小程序”界面，搜索“美宜佳优惠券”，领取最近美宜佳商店优惠券，有条件的同学可以线下使用优惠券，体验线上线下消费模式。请你总结此微信营销采用哪种方式？

3. 请你结合上面的活动，并通过网络查询相关资源，总结微信营销常用的方式。

活动三：

请你通过网络查找一则成功运营微信营销的案例，并与同学们讨论总结该案列中使用微信营销带来的作用以及案例中如何使用微信营销实现价值(即微信营销转化)。

你所查找的微信营销案例	
概括案例中微信营销带来的作用	
简述案例中如何使用微信营销实现价值	

任务二：微信营销的应用

滴露品牌是专业消毒除菌品牌，已有75年历史，供应全球30多个国家和地区。滴露品牌在中国一直致力于“倡导科学卫生和消毒除菌习惯，关爱中国亿万婴儿/儿童健康”的公共事业，长期全力参与“心系新生命”活动和其他社会捐赠等公益活动。滴露为扩大品牌影响力通过朋友圈投放H5页面广告(图4-2)。

图4-2　滴露微信朋友圈广告

滴露此次的营销活动，可以分别从营销的“形式”和“内容”这两方面进行分析，首先，从形式上讲，滴露借助朋友圈广告作为品牌宣传的主要手段，借助微信朋友圈的热度提高产品知名度，推广方式新颖，有针对性。从内容上讲，营销内容借助“松木巨人与细菌王国”的故事，以长达2.5分钟的视频呈现，为我们呈现松木巨人拯救深受细菌伤害的小孩，还小孩健康、安全、干净的环境。故事简单却贴切，加深消费者对滴露品牌的认可度。

课堂讨论：

滴露在该案例中采取微信哪个功能开展营销的，有什么优势呢？

一、任务背景

随着移动互联网、移动智能设备的发展，网络营销的方式也在发生悄然的变化，逐渐从PC端向移动端转移。手机APP、微信、二维码，以及公众号等成为企业做网络营销的重要平台。这些平台大大拓展了网络营销的传播渠道，丰富了网络营销的传播手段，可使企业品牌和产品向更大范围、以更快的速度快速传播和推广。

随着微信使用的普及，微信营销成为企业不可缺少的新媒体营销方式，微信营销是基于微信生态体系，整合朋友圈、公众号、小程序等多重资源，结合用户社交、阅读和生活场景，利用专业数据算法打造的社交营销推广方式。微信营销主要是通过微信为用户提供的社交功能来实现的，例如，人们熟悉的朋友圈营销、微信公众号营销、微信小程序、微信红包、互动营销等。

二、知识学堂

（一）微信公众平台的简介

微信公众平台也叫公众号，通过公众账号平台可以进行自媒体活动，即一对多的媒体性行为活动。需要进行微信营销的个人或企业，都可以借助微信公众平台的价值，结合客户的需求提供相应的服务。

微信公众平台自诞生之日至今大致经历 6 个阶段。

① 2011 年 1 月，微信发布上线。

② 2012 年 8 月，微信公众平台上线。

③ 2013 年 8 月，微信公众号进一步细分为两大类型：订阅号、服务号。

④ 2013 年 10 月，微信公众号权限出现划分，有认证和非认证公众号之分，认证后可享用更多的高级接口功能。

⑤ 2014 年 9 月，微信企业号上线。

⑥ 2016 年 11 月，所有公众号开放了关联小程序的功能。

（二）微信公众号的类型

微信公众平台有四大类型，分别为订阅号、服务号、企业微信（原企业号）和小程序（图 4-3～图 4-6）。四种类型各具特色，表 4-1 展示四种类型的特点以及用途。

表 4-1 微信公众号的类型

类 型	特点用途
订阅号	订阅号具有信息发布和传播的能力，可以展示自己的个性、特色和理念，树立自己的品牌文化
服务号	服务号具有用户管理和提供业务服务的能力，服务效率比较高，主要偏于服务交互
企业微信（原企业号）	企业号主要用于公司内部通信使用，具有实现企业内部沟通与内部协同管理的能力，需要先验证身份才可以关注成功企业号
小程序	小程序是一种开放功能，具有出色的体验，可以被便捷地获取与传播，适合有服务内容的企业和组织注册

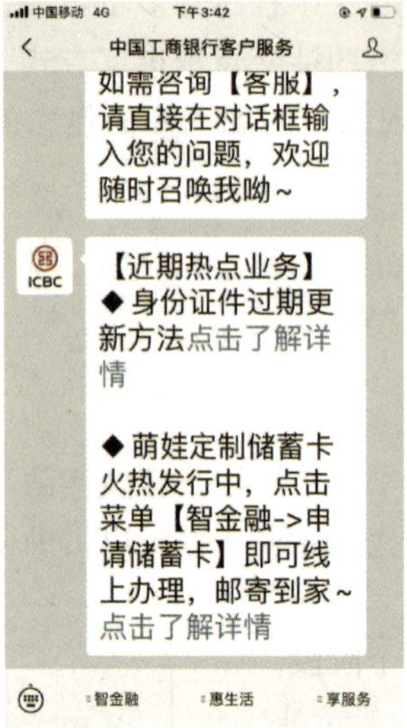

图 4-3 “中国工商银行客户服务”服务号

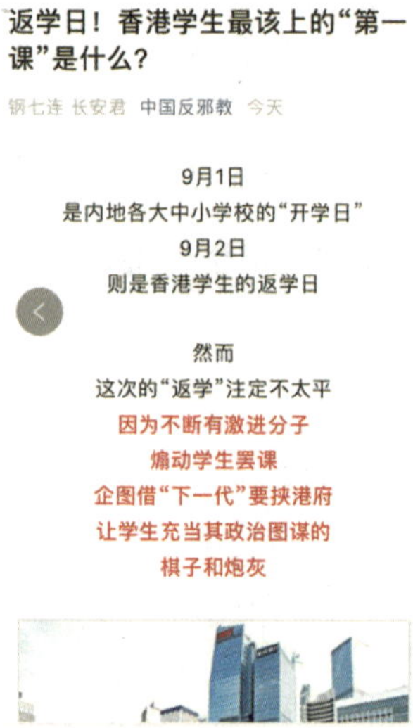

图 4-4 “中国反邪教”订阅号

图 4-5 “增城东菊料理”小程序

图 4-6 企业微信(企业号)

(三) 个人注册和申请微信公众号流程

① 打开微信公众平台官网 https：//mp. weixin. qq. com/，右上角点击“立即注册”。

② 选择账号类型，根据上面内容的介绍，个人注册微信公众号应该选择订阅号。

③ 填写邮箱，查看激活邮件，填写邮箱验证码激活，并且输入符合要求的登录密码。

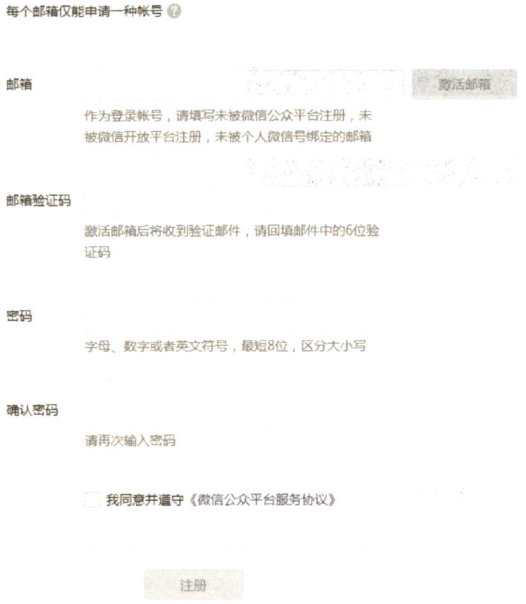

④ 信息登记，选择个人类型之后，填写身份证信息。

⑤ 填写账号信息，包括公众号名称、功能介绍，选择运营地区。

⑥ 恭喜注册成功！可以开始使用公众号了。

（四）如何做好微信公众号营销

“内容为王”对任何媒体来说是非常重要的。公众号的主要功能是为用户提供信息和服务，而信息和服务归根结底就是内容。因此，打造一个成功的公众号，做好公众号营销最根本的就是做好内容。然而，目前大多数公众号在这方面做得不好，要么提供的信息不准确或信息量太少，要么提供的信息没价值，缺乏参考性，抑或是用广告直接代替内容。这样的公众平台注定是要被用户拉黑和抛弃的，很多公众号失败在内容缺乏价值和创意。那么我们在撰写公众号文章要侧重寻找、挖掘合适的素材。做好微信公众号内容应该注意下面五个关键点。

1. 内容与企业、产品相关

微信公众号推文所发布的内容必须与行业、企业，或者某个产品相关，宣传企业的企业文化、价值观、产品信息、促销活动等，以便让用户明确该平台的性质、用处，以及所提供的主要信息。

2. 向用户传递有价值的信息

信息有明确指向性。例如，汽车站订票订阅号向用户提供订票信息，电影院订阅号向用户提供最新影片莱单，政府订阅号向用户提供最新工作动态和计划等。总之，信息要有明确的指向性，可给消费者提供一定的帮助。

3. 主题积极向上

内容的主题要积极向上、富有正能量，符合大众的审美和价值判断。如果所传递信息低俗、违背社会公德或大众的衡量标准，不但可能会被微信官方禁止和封杀，还有可能引起用户的反感。

4. 题材力求新颖

内容题材必须力求新颖、善于创新和突破，不落入俗套，否则无法引起用户兴趣。或者即使达到值得一看的标准，也很快被用户遗忘，因此在选择题材时应注意结合当下关注的焦点和订阅者关注的话题。

5. 话题具有互动性

想取得更好的效果，微信公众号信息除了要满足用户的基本需求外，还需要使信息产生爆炸，从而产生连锁反应。纵观那些好的话题，要么结合时下比较热门的话题，要么邀请明星代言，这样引发更多读者的关注，激发关注者的讨论和转发。

三、情境设计

王芳是一家主营女装的品牌服装公司的推广专员，最近服装店决定推出新款服装。随着微信的快速发展，利用微信公众号做营销推广的公司越来越多，该公司的运营总监决定开通属于公司的微信公众号，将这次新品宣传放到微信公众号上，并将这个任务交给王芳，没有做过微信营销的王芳遇到难题。

王芳想要完成好总监布置的任务，在对微信营销初步认识的基础上，应清楚微信公众号营销注意事项以及如何顺利注册微信公众号。同学们，你们能帮帮王芳吗？

四、任务实施

活动一：

请上网查询相关资料和结合本节的知识大学堂，说说什么是微信公众号以及其发展史。

活动二：

请你用手机关注以下微信公众号，说说各自的特点，并通过相关资料查询微信公众号的类型，说说对应的微信公众号属于哪种？

微信公众号	特点	属于哪种类型
中国工商银行客户服务		
中国反邪教		
增城东菊料理		
微信公众号可以分为哪几类		

活动三：

请你查询个人注册和申请微信公众号的基本流程有哪些？并且尝试注册属于自己的微信公众号，如果能成功注册，将微信公众号截图放在下面；如果不能，说明原因。

个人微信公众号注册流程	是否能成果注册个人微信公众号

活动四：

“内容为王”对任何媒体来说都非常重要。我们学校微信公众平台该如何进行内容上的规划，才既能满足用用户的需要，又能达到学校的宣传要求？请根据我们学校的特点策划微信公众平台内容，写一份有关我校微信公众平台内容策划书。

学习检测

一、知识检测

（一）单选题

1. 微信，一个小小的手机 App，本是(　　)年初腾讯推出的一款智能终端即时通信服务应用程序。

A. 2010　　B. 2011　　C. 2012　　D. 2013

2. 以下( )主要用于公司内部通讯使用，具有实现企业内部沟通与内部协同管理的能力？

A. 订阅号　　B. 服务号　　C. 小程序　　D. 企业微信

3. 微信公众号(　　)上线？

A. 2012 年 8 月　　B. 2013 年 8 月　　C. 2014 年 8 月　　D. 2015 年 8 月

4. 请你说出下面的图片属于微信公众号哪种类型(　　)？

A. 订阅号　　B. 服务号　　C. 小程序　　D. 企业微信

5. (　　)是一种开放功能，具有出色的体验，可以被便捷地获取与传播，适合有服务内容的企业和组织注册。

A. 订阅号　　B. 服务号　　C. 小程序　　D. 企业微信

（二）多选题

1. 微信公众号可以分为(　　)类型。

A. 订阅号　　B. 服务号　　C. 小程序　　D. 企业微信

2. 微信营销的特点有哪些(　　)？

A. 强关系的机遇　　B. 点对点精准营销

C. 形式多样化　　D. 不需要网络

3. 微信营销常见的方式有哪些(　　)?

A. O2O 模式——二维码　　B. 漂流瓶

C. qq　　D. 地理位置推送 LBS

4. 做好微信公众号内容应该注意哪几个关键点?(　　)

A. 内容与企业、产品相关　　B. 向用户传递有价值的信息

C. 主题积极向上　　D. 话题具有互动性

(三)简答题

1. 说说微信营销的特点?

2. 说说微信营销的作用?

(四)实训题

假如你是某护肤公司的网络营销推广专员，近期公司需要上架一款洗面奶，需要你在公司的微信公众号上发表一篇新品上架的软文，请你结合提供的产品素材和商品属性，写一篇微信公众号软文，要求不少于 300 字，突出商品特点，具有吸引力，图文并茂(图片用 PS 软件进行处理)。

二、学习评价

项　目	自评 30%	小组评 30%	教师评 40%	总　分
微信营销的特点				
微信营销常用方式				
微信营销的作用				
微信公众号的类型				
如何做好微信公众号营销				

项目五　视频营销

项目导学

在第七届中国网络视听大会上发布的《2019年中国网络视听发展研究报告》中明确指出“网络视频(含短视频)用户规模7.25亿，占整体网民的87.5%，短视频对新增网民的拉动作用明显”。随着互联网技术的高速发展，视频营销已经逐步成为重要的新媒体营销形式。视频营销是一种以视频为主体，以内容为核心，以创意为导向，进行产品或服务营销和品牌传播的营销方式。互联网技术的普及使视频营销得到快速应用，网络视频、宣传片、微电影等都是视频营销的常见方式。本项目通过结合具体案例介绍视频营销的概念、优势、表现形式、常用策略等，指导学生创作剧本，进行视频拍摄并剪辑和编辑，选择适当的平台发布，实现主题视频营销，激发创意，培养创新精神和互联网营销思维。

项目目标

知识目标： 1. 会说出视频营销的概念、优势及表现形式；
2. 会归纳视频制作流程及常用编辑工具。

技能目标： 1. 能运用视频营销策略选择合适的平台策划活动；
2. 能拍摄、编辑视频，并在抖音上发布短视频。

情感目标： 1. 通过完成任务激发创意，培养原创意识；
2. 培养互联网营销思维，塑造爱岗敬业的劳动素养。

任务一：　初识视频营销

《vivo 快 · 乐着回家》视频讲述一个年轻人从离家在外打拼，到回家的成长历程。整个故事围绕“快”字，年轻人在离家初期，希望能够快点在大城市拼搏事业。但慢慢地发现生活节奏很快，生活压力也大。春节将至，年轻人却也想快一点回到家，对小时候的快乐生活也甚是怀念。

vivo 紧扣年轻人的矛盾心理，传递“有家，快才有意义”的理念，在情感上，引起在外拼搏人群的共鸣，上演了“走心”的视频营销。

vivo 为此选择了在腾讯视频、优酷、秒拍、美拍等多平台投放了此视频，并很快地产生了良好的反响和转发。据统计，该视频上线不到一周就有将近 2500 万次播放。此外，vivo 投放的朋友圈广告、QQ 空间信息流广告也形成大规模曝光，据悉，仅 21 日视频发布当日的曝光量就达到了数亿次。

课堂讨论：

①《vivo 快 · 乐着回家》视频成功的原因，请思考并分享。

② 请简单分享让你难忘的视频，并阐述原因。

一、任务背景

在互联网背景下，新媒体营销已成为重要的营销手段。视频平台快速发展，观看视频已经成为网络用户的重要活动(图 5-1)。随着这种网络行为的兴起，逐步促使了视频营销的诞生，并成为重要的新媒体营销手段。视频营销相比传统营销，不仅形式多、创意新，还具有强大的感染力等特点。因此，视频营销能够在大数据环境下在短时间内快速开展既大范围又低成本的传播，形成病毒营销。本任务将通过学习视频营销的概念、表现形式，对比传统营销与视频营销，了解视频营销常用的平台及营销策略，并初步形成视频营销策划案。

图 5-1　常见视频平台

二、知识学堂

（一）认识视频营销

视频营销是指企业、各组织结构及个人等在互联网技术基础上利用网络视频，为达到营销效果和目的而进行的营销活动，包括借助网络视频介绍优势产品或企业品牌，也包括演绎故事传递产品或品牌特点。

随着互联网的高速发展，视频营销相比传统营销已经显现出明显的优势。

1. 目标精确，集中关注

网络视频营销依托大数据技术，相比传统营销能够较为精准快速地找到潜在客户。通常是由于网络用户对产品、服务或者品牌等感兴趣，才会对视频内容产生兴趣，从而持续关注。因此通过网络视频的精准营销，能够把一群有共同关注点的客户群集中起来，通过营销手段把关注者转变为传播者。一般来说，经典有趣的视频更容易被用户主动传播，从而促使企业、产品、服务或品牌等信息在互联网上得到迅速扩散，实现营销目的。

2. 成本低，性价比高

与传统的电视广告相比，网络视频的营销成本要低很多。企业如果通过电视广告播放视频进行宣传，涉及广告拍摄或者冠名节目，往往需要几十万甚至几百万元的成本，才能达到一定的营销效果。然而通过互联网进行视频营销，一般只需要花费几万或更低的成本，甚至更少的视频制作费用，在众多的网络视频平台中选择适合发布的网站，就可以获得相当可观的曝光量和传播量，不仅成本低，性价比也高。

3. 内容趣味正面，互动性强

网络视频能够在短时间内被高度关注和快速传播，很大程度取决于网络视频的质量。视频质量首先体现在趣味性，不仅形式有趣，内容也要有趣，才能在众多视频中吸引到观众的注意和喜爱。当然除了趣味性，积极向上的主旋律思想也是很重要的，因此也要能够给用户正面指引。此外，相比广告视频而言，网络视频营销具有极强的互动性。用户可以通过文字、图片、声音、影像等多媒体信息进行互动，使发布者和用户实现良好的双向沟通，在一定程度上能够很好地提升营销的效果。

4. 传播速度快，传播范围广

互联网具有不受时间和空间限制的特点，因此网络视频营销能够借助互联网传播速度快的特性，使发布的内容能够在短时间内得到大量的分享、转发等传播。企业在进行视频营销时，可以在特定时间段推送视频给特定用户群，当然用户也可以主动去相关的网络平台观看自己感兴趣的视频，相比传统视频广告显得更加主动和有效。此外，网络用户数量每日剧增，通过用户的传播，视频能够迅速扩大传播范围，传播到各大社交平台，不仅局限在全国，甚至扩大到海外，得到可观的营销效果。

5. 可测量，可预测效果

基于大数据技术，网络视频营销的效果是实时可见可测的，也就是可以通过该视频的相关数据进行分析与预测，包括视频的点击量、转发量、收藏量、评论量和用户停留时间等。发布者可以通过这些数据分析视频的受众程度，并预测视频的效果，还能为下一次的视频营销提供决策的参考依据，从而将视频营销引往正确的方向。

（二）视频营销的表现形式

网络视频营销是基于互联网的一种营销方式，网络与视频的结合使得这种营销方式成为目前影响力超强的新一代新媒体营销方式。伴随着互联网技术和新媒体技术的发展，视频营销的表现形式还会不断地创新发展。目前而言，比较常见的网络视频表现形式主要包括传统影视节目二次网络传播、创意视频、网络视频短剧和微电影等类型。

1. 传统影视节目二次网络传播

传统影视节目依托电视节目进行定时定向定量传播，但通过把传统影视节目中的部分内容通过直接发布或者编辑再发布到网络平台时，就进行了二次网络传播。二次网络传播可以把传统影视节目中具有教育性、新闻性、讨论性等内容重新与观众进行交流，引起观众的注意与兴趣，从而提高节目的关注度和影响力。传统影视节目的网络传播是传统影视与新媒体的整合推广。目前，比较多受欢迎的电视节目都在网络上实现了二次传播，例如综艺节目《最强大脑》通过网络传播得到众多年轻人关注。

2. 创意视频

创意视频是指内容新颖、创新的短视频，通常是极富创意、幽默感和故事性，一般时长为3~8分钟，以网络为主要传播媒介，一般以视频分享网站为传播源，利用即时通信、电子邮件、论坛和博客等方式进行转载。创意视频营销是通过创意将广告植入到一段短视频的一种营销方式，视频可以是原创拍摄，也可以剪辑而成的。一个好的创意视频可以带来非常好的传播效果，像病毒一样传播和扩散，并通过网络快速复制给无数用户，从而流行起来。

创意视频对内容要求较高，企业想使用创意视频进行营销，首先必须找到合适的品牌诉求点，再配合以幽默、诙谐、新奇等元素进行推广，才能更好地吸引网络用户的眼球。例如 2018 年辣目洋子原创的《防寒取暖宝典》短视频，一人分饰 6 角，幽默诙谐地展示了 4 种不同取暖场景，将艾美特地暖的产品特点和优势巧妙植入(图 5-2)。

图 5-2　辣目洋子《防寒取暖宝典》

3. 网络视频短剧

网络视频短剧是依托互联网传播，大多是通过比较完整的故事情节呈现出一些比较贴近生活的剧情，相对轻松有趣的视频集。网络视频短剧相比传统电视剧的时长比较短，以网络为传播媒介更有效地提升短剧的传播速度，非常便于与网络用户进行良好互动，更加符合现在网络用户的碎片化时间观剧需求。

网络视频短剧题材灵活，制作成本低，能够充分保持与网络用户的互动，根据用户的需求适时调整并制作出更具有吸引力的内容，又可以通过短剧培养用户对品牌的喜好和忠诚，从而达到吸引用户、传播产品和品牌的目的。例如《嘻哈四重奏》通过视频网站的大量播放，作为《嘻哈四重奏》投资方之一的康师傅绿茶，在该剧播放过程中销量一度上升了 10%。

4. 微电影

微电影即微型电影，是主要借助互联网进行传播的一种在 30～60 分钟之间具有完整故事情节的短影片，围绕幽默、公益、时尚等主题通过较短的制作周期和规模较小的投资，可以单独成篇，也可以系列成剧。微电影通常短小精美，适合用户在移动状态、短时间休闲状态下观看。

企业在使用微电影进行宣传时，要让用户可以在故事情节中自然而然地对品牌产生认知，因此需要将产品需求、品牌推广与用户的休闲娱乐相结合。例如必胜客《爱相伴》微电影围绕“一个关于母亲的调查”，让员工陪伴母亲在必胜客用餐，传达最真挚的爱，唤起观众对母亲的记忆，进而对品牌产生好感。

（三）视频营销的平台

能否选择恰当的视频平台是视频营销的关键，根据视频的长短和智能终端视频平台可以分为网络视频平台和短视频平台，下面分别对这两种类型进行介绍。

1. 网络视频平台

传统的网络视频平台如爱奇艺视频、腾讯视频、优酷视频、芒果 TV 等都是比较常用的网络视频平台。这些视频平台较为成熟，功能也较类似，对视频时长的限制较少。用户除了可以上传视频外，这些平台大多具有互动功能，包括弹幕、评论等，能够快速获取用户的反馈与意见，以便更好地进行改善与调整。

2. 短视频平台

抖音、秒拍、快手、美拍、小咖秀、火山等都是目前比较主流的短视频平台，其功能也较为类似，企业可以根据输出内容与目标用户的定位选择自己的营销平台。结合目前的用户群数量，下一个任务将会具体介绍抖音和快手 APP。

（四）视频营销策略

网络视频营销归根结底是网络营销，是营销行为，也就是通过营销方式与消费者进行沟通与传播。因此，网络视频营销主要是为加强视频的有效传播，促进与用户之间的有效沟通，从而提高营销效果。为此，企业在进行视频营销时应采用一定视频运营策略，目前常见的视频营销策略主要包括视频整合传播营销策略、视频创意营销策略、视频联锁传播营销策略、视频互动体验营销策略等。

1. 视频整合传播营销策略

整合营销是对各种营销工具、营销手段的系统化结合，把各个独立的营销工作综合成一个整体，注重系统化管理，强调协调统一，以产生协同效应。应用到视频营销中的整合传播，不仅是简单的整合营销，而应突出视频传播的优势。也就是不仅是工具和手段的整合，还需要进行内容传播，做到以消费者为目标，以用户为中心，以产品和服务为核心，以互联网为媒介，以网络视频为载体，整合视频营销和传播的多种形式和内容，达到立体传播的效果。

（1）渠道整合

不同的网络用户通常拥有不同的网络使用习惯，拥有不同的与视频进行接触的方法与途径，这就意味着单一的视频传播途径很难收获良好的营销效果。因此，视频整合传播首先可以通过渠道整合。包括公司官方网站设置专区，吸引目标用户的关注；还应入驻主流门户网站或视频网站，扩大视频的传播范围；同时也可以整合线下活动资源，与新媒体营销进行整合传播，进一步提升视频的影响力。

（2）类型整合

除了渠道的整合之外，视频营销的类型也可以进行整合。视频有多种多样的类型，可以将微电影、创意视频、贴片广告、动画视频、网络短剧、植入式视频等不同类型的网络视频进行整合，组合成各种不同的营销方案，以满足不同层次、不同渠道、不同需求、不同用户、不同营销目标的要求。

2. 视频创意营销策略

视频创意营销策略是一种具有创新性的营销策略，要求视频的内容、形式等突破既有的思维定式，从构思、执行、宣传到发布的每一个环节都可以体现创意，通过创意有效吸引用户的关注和兴趣，为广告主带来意想不到的收获。视频的创意主要体现在两个方面：内容和形式。

（1）内容

网络视频在快速吸引网络用户的眼球，就要靠创意取胜。在“内容为王”的营销时代，网络视频内容的质量是视频的生存之本，是营销效果的根基。大部分网络用户更愿意主动分享和传播经典、有趣、积极向上的视频，同时这种形式也最容易形成病毒式扩散。因此内容创意就需要企业在前期进行创意策划，头脑风暴，不断地挖掘创意点子，在视频拍摄与制作时就把企业需要的有价值的内容融入视频。我们从网络视频营销的表现形式中不难发现，目前主流的网络视频大多是具有相对完整的故事情节。而大多被广为传播的网络视频也是具有故事性的。因此，企业在构思视频内容时，为了快速获得关注和热点，就要设计出值得品味的开头、过程和结尾，故事情节跌宕起伏，才能吸引用户的注意。

（2）形式

有了创新的内容，如何创新形式也是网络视频营销成功的关键。在已有的网络视频形式基础上创新更有吸引力的形式，将精彩的创意内容与恰当的视频形式有机结合，能够获得更好的传播效果，这就需要营销人员和制作人员不断挖掘，不断创新，不断提高互联网技术，根据内容设计更加适合的视频形式，比如沙画表演、脱口秀、点评视频等表现形式，以期获得用户的共鸣。

3. 视频联锁传播营销策略

视频的传播渠道是营销中非常重要的一环，很多时候，单一的传播渠道的网络视频营销效果可能不够明显。而连锁传播营销策略就是采用多渠道、多链接、环环相扣的连续性连锁型传播，扩大视频的影响范围，提升营销效果。

（1）纵向连锁传播

纵向连锁传播贯穿于网络视频构思、制作、宣传、发布、传播的每一个环节，精确抓住每一个环节的传播点和传播渠道进行网络视频推广。在网络视频制作初期，可以向公众透露该视频即将制作，包括视频热点、拍摄人员等信息进行宣传预热；制作阶段也同步发新闻稿，剪辑片段发布到网上保持热度，利用各种媒体渠道和新闻渠道进行连锁传播；视频上线后，加大宣传的力度和深度，进一步对前期预热的效果进行扩大和升华，提高视频营销的效果，让连锁传播营销策略实现纵向传播、连环传播。

（2）横向连锁传播

横向连锁传播贯穿于整个纵向传播的过程，又在每一个环节进行横向延伸，也就是每一个环节的纵向传播都可以同步进行横向传播。选择更多、更热门、更适合的传播平台，不局限于某一个特定的网站，将门户网站、社交平台、视频平台等全部纳入横向连锁的传播体系，进行病毒式营销传播，连续在每个环节都采用横向传播策略，扩大每一个纵向环节的传播策略，扩大传播深度和广度，纵横连锁传播营销，让营销效果进一步延伸，从而实现立体化营销。

4. 视频互动体验营销策略

互动性是网络视频营销的优势，基于互联网进行的营销活动，实际上就是一种关系营销。“关系营销”是指把营销活动看成一个企业与消费者、供应商、分销商、竞争者、政府机构、其他公众发生互动作用的过程，其核心是建立和发展与这些公众的良好关系。因此关系越牢固，营销效果就越好。视频互动体验营销策略是指在视频营销的传播过程中，及时与视频用户进行互动与沟通，并根据他们的需求提供更多的体验手段。一般来说，用户体验效果越好，营销效果就越出众。

网络视频互动体验营销的前提是一个多样化的互动渠道，能够支持更多用户参与互动，常见的视频网站、社交平台都能实现基本的互动功能，达成有效沟通。同时，为了提升用户的体验，建立更牢固的关系，需要综合设计丰富的视频体验方式，包括为用户提供美好的视听体验，优化用户的心理体验等，并通过平台与用户保持直接的多样化的互动，例如评论、转发、收藏、分享和点赞等，让用户可以通过多元化的互动形式，自由、便利地表达自己的看法和意见，从而实现网络视频营销。

三、任务情境

东方有限公司是一家成立了将近十八年的公司，该公司主营产品是豆奶。近年来饮料市场竞争愈发激烈，市场部小张发现目前视频营销很火，并向同事初步表达了他的想法。同事建议小张把自己的想法形成策划案，向经理请示。假设你是小张，你怎么办？

分析：小张首先要了解清楚什么是视频营销，并对视频营销有系统的概念。并善于运用公司十八周年庆、饮料产品食品安全等方面构思视频主题、内容、形式、发布平台等，最后形成策划案。

四、任务实施

（一）理论学习，奠定基础

提示：

① 阅读相关资料，学习视频营销基础知识，包括概念、优势、形式、营销策略等；

② 各小组进行小组讨论并分工合作，收集相应知识点的内容，填写表格（表5-1），汇总知识点。

表 5-1　视频营销理论学习

序　号	知识点	备　注

（二）网络搜索，案例分析

提示：

① 通过网络搜索，针对五种视频营销表现形式各搜集一个成功案例，并进行案例分析（表5-2）；

② 各小组进行小组讨论并分工合作，小组整合，为后续策划做准备。

表 5-2　视频营销案例分析

序　号	案例简述	成功原因分析

(三) 整合资料，初步构思

提示：

① 通过网络搜索，了解网络上的视频营销的最新发展状况；

② 各小组进行小组讨论，初步确定视频主题、故事简述、表现形式、发布平台、营销策略等，为后续营销做准备(表 5-3)。

表 5-3　视频营销策划初步构思

序　号	项　目	内　容
1	主题	
2	故事简述	
3	表现形式	
4	发布平台	
5	营销策略	
6	剧本(课后完善)	

任务二：　视频营销的应用

《百度“唐伯虎”》利用中国经典断句难题“我知道你不知道我知道你不知道我知道你不知道”，“唐伯虎”狠狠地嘲弄了那个只晓得“我知道”的老外，最后把老外的女朋友都勾到了手边，尼姑也动了凡心。最终老外吐血倒地，一行大字打出：百度，更懂中文。

这个视频的完成和开始传播的时间大致是在 2005 年的第三季度，当时主要的传播渠道是通过 BBS。百度“唐伯虎”系列没有花费一分钱媒介费，没有发过一篇新闻稿，从一些百度员工发电子邮件给朋友和一些小网站挂出链接开始，只用了一个月，就在网络上就有超过 10 万次下载量。至 2005 年 12 月，已经有近

2000 万人观看并传播了此片(还不包括邮件及 QQ、MSN 的传播)，而且，这种沟通不像传统的电视广告投放那样是夹杂在众多的广告片中的，所有的观看者都是在不受任何其他广告的干扰下观看的，观看次数不受限制，其深度传播程度亦远非传统电视广告可比。

课堂讨论：

①《百度“唐伯虎”》视频为什么能迅速传播？

② 目前有哪些热门视频平台，为什么受欢迎？

一、任务背景

随着移动互联网和新媒体技术的不断发展，以及视频形式的不断细分，短视频凭借自身强大的优势吸引了大众的目光，观看短视频逐渐成为受人们欢迎的娱乐和消遣方式之一。短视频营销已成为视频营销的重要手段。短视频的生产过程较为简单，门槛较低，因此，网络上也出现了不少专门短视频的发布平台，如抖音、快手、小咖秀等，也带火了短视频制作 APP，如巧影、稿定视频等(图 5-3)。

图 5-3　常见短视频平台

二、知识学堂

(一) 视频的制作流程

网络视频的制作相比传播的专业视频来说相对简单，对技术要求也比较低，但高质量的网络视频能够迅速被关注与传播，因此应遵循一定的制作流程。

1. 构思内容

“内容为王”，网络视频营销的关键点是内容，内容的质量直接决定了视频的传播效果和影响力。由于网络视频通常时长较短，所以构思视频内容时，要确保可以在短时间内阐述故事主题，完成故事情节或创意的叙述，保证视频的完整性，将产品和品牌信息完美地植入视频，且不影响用户对视频的观看和理解。

2. 设计剧本

不管是哪一种视频类型，都要提前设计一个完整的剧本，逻辑清晰、情节完整、有观看价值的视频才能够给用户留下更深刻的影响，通过对人物、动作、对白、情节、背景、音乐等元素的设计，准确地向用户传达视频的视觉效果和情感信息，引起用户的好感和共鸣。

3. 选择角色

角色是视频的重要元素，角色呈现的好坏直接影响了视频的质量。如果视频需要通过角色传达信息，那么角色的选择一定要符合视频和品牌的定位，能够体现产品或品牌的特质，使视频内容与推广内容自然贴合。

4. 拍摄视频

视频拍摄可以使用专业的拍摄工具，如 DV、摄像机等，也可以使用手机等移动设备进行简单拍摄，具体拍摄器材的选择需要视视频的性质而定。随着智能手机技术的发展，目前很多手机及 APP 已能满足基本的视频拍摄及后期剪辑。但无论采用何种工具，在拍摄视频时要注意内景和外景的选择，场景风格以符合视频内容需求为前提。

5. 剪辑制作

剪辑是指将所拍摄的视频整理成一个完整的故事，剪除多余影像，进行声音、特效等的后期制作。剪辑可以采用专业的电脑软件也可以采用手机 APP，在剪辑过程中，还需要考虑将产品和品牌的推广信息添加到视频中，制作出符合企业目的的营销视频。

6. 压缩上传

完成视频的制作后，在保证视频质量不受影响的前提下，将视频压缩成大小合适的文件，转换成视频网站支持的影音格式，再上传到相关视频网站中。要注意一点的是，必须遵守相关的法律法规及行业规则，贡献绿色和谐的网络环境。

（二）短视频拍摄工具

俗话说“巧妇难为无米之炊”，因此短视频的拍摄也需要用到相应的硬件设备。本小节将详细介绍主流的拍摄短视频的设备，包括智能手机、单反相机和摄像机。

1. 智能手机

随着经济水平的不断提高，智能手机已经成为人们随身携带的拍摄神器。无论是打电话、上网冲浪、听音乐、看视频，还是拍照录视频，智能手机都能轻松应对。摄像是智能手机自带的基本功能，并随着技术的不断升级，手机的摄像功能也越来越强大。智能手机体型轻便，方便携带，操作简单，是非常常用的拍摄工具。

目前很多短视频平台都可以直接通过智能手机拍摄并编辑，而且可以直接分享到社交平台上，实时查看发布的动态，从而检验自己作品的效果，因此通过智能手机拍摄短视频成了大众的热门之选。

2. 单反相机

在科技日益发达的今天，单反相机的功能也越来越强大，除了基本的拍照功能，也逐步把录影功能收入囊中。单反相机相比智能手机拍摄具有无法超越的优势，画质更好，收音更清晰，景深也可以灵活调整。而相比专业摄像机来说，单反相机的体积较轻便，价格也较便宜。因此，单方相机是业余拍手的加分选项，操作也不难，是近年来越来越流行的拍摄工具。

随着相机制作技术的发展，除了传统单反相机外，微单也是拍摄视频的不错选择。微单相比单反价格便宜，更加轻便，操作也更加简单，但影像质量也有一定保证，因此也有越来越多拍手购买使用。

3. 摄像机——专业拍手值得拥有

摄像机是专业的视频拍摄工具，传统的电视节目就是用摄像机进行拍摄。而当今市场对视频营销的视频要求越来越高，很多专业团队也会选择摄像机进行拍摄，毕竟在视觉效果上，摄像机有着智能手机和单反相机无法比拟的优点。

采用摄像机进行拍摄，需要许多专业的辅助工具，包括摄影灯、相机电源、彩色监视器、三脚架、摄像机电缆等。除了硬件外，摄影师的技术也起到关键性作用。摄影师需要懂得取景、推拉镜头、布光等，使影像更便于后期剪辑和美化。

（三）视频编辑工具

1. 短视频制作 APP

随着短视频的快速发展，各种短视频后期制作 APP 层出不穷。包括巧影、小影、稿定视频等。以下以巧影为例，介绍后期 APP 的操作，让加工短视频变得更加轻而易举。

巧影 APP 是由北京奈斯瑞明科技有限公司研制发布的一款手机视频后期处理软件，可以实现直接剪辑、即时预览、多轨音频、多图层、混合模式、速度控制、专业音频、色度调整、录音等，主要功能总结为视频剪辑、视频图像处理和视频文本处理等(图 5-4)。

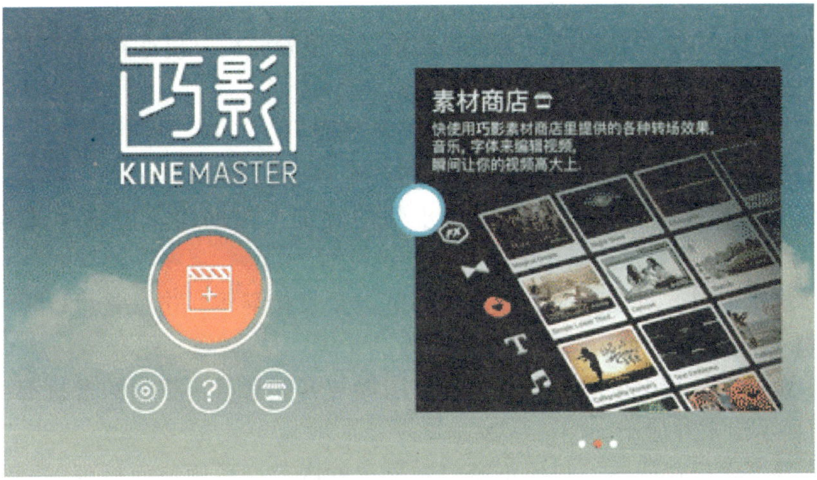

图 5-4　巧影 APP 界面

除了对手机视频的常规编辑之外，巧影 APP 还有动画贴纸、多彩滤镜、各色主题，以及多样的美化效果等，能帮助手机视频的后期处理更上一层楼。

① 视频编辑：视频剪辑和突出可以被裁剪和分割到你想要的位置，音频剪辑可以精确到每一帧，具体操作包括短视频剪辑、字幕添加、贴纸添加、特效添加、图层覆盖、滤镜添加、为视频配音或添加背景音乐等。

② 软件设置：点击软件设置按钮可以设置软件的硬件参数，按照视频编辑需求进行调整和设置，例如视频默认时间调整、排序方式、浏览模式、已录制视频的位置以及输出帧率等。

③ 素材商店：用户可以在素材商店中下载相应的特效、滤镜、字体、背景音乐、贴纸等，购买会员能够使用更多素材，也能够让视频的后期编辑种类更加丰富。

温馨提醒：

巧影 APP 的编辑界面不同于其他手机短视频后期软件的编辑界面，巧影采用横屏操作，功能分类且集中，操作更加符合手机使用习惯，非常便于视频的集中性后期操作。

2. 电脑端视频编辑

会声会影是一款可以全面控制影片的制作过程，还可以为采集的视频添加各种素材、转场、复叠及滤镜效果等。相比手机视频编辑 APP 更加专业，又相比专业视频编辑器操作更加简单。会声会影的使用技巧主要体现在视频剪辑、字幕添加、音频音效、导入导出、转场设置、滤镜应用、定格动画、影音快手、自定义动画等，使用会声会影编辑器的图形化界面，可以清晰而快速地完成各种影片的编辑工作。

会声会影 2018 工作界面主要包括菜单栏、步骤面板、预览窗口、导览面板、选项面板、各类素材库以及时间轴面板等。

① 菜单栏：包括 5 个菜单“文件”“编辑”“工具”“设置”和“帮助”，主要提供视频编辑的主要功能，并解决用户的疑问。

② 步骤面板：主要是显示操作步骤的界面，帮助用户清晰地梳理编辑进度。

③ 预览窗口：对视频的各种操作都基本是直接显示，也就是可以显示当前的项目、素材、视频滤镜、效果或标题等。

④ 素材库：其中显示了所有视频、图像与音频素材，添加的素材都可以在此界面显示出来并应用。

⑤ 导览面板：能够控制预览窗口中显示的内容，运用该面板可以浏览所选的素材，进行精确的编辑或修整操作。而在预览窗口下方的导览面板上的播放控制按钮和功能按钮，则用于预览和编辑项目中使用的素材。

⑥ 选项面板：包含了控件、按钮和其他信息，可用于自定义所选素材的设置，该面板中的内容将根据步骤面板的不同而有所不同。在编辑视频时，可进行音量视频速度、音频特效、场景分割等方面的调整。

⑦ 时间轴面板：主要是用来查看视频的时长，并在其中关注总体进度。

温馨提醒：

会声会影软件的特色是适合新手学习，在官方网站有大量的操作指引视频，在视频剪辑、后期处理方面的功能比较实用。值得注意的是，它面向的是非专业用户，因此操作起来很便捷，效果也很不错。

（四）短视频平台的选择

短视频平台不仅可以拍摄各具特色的短视频，还能直接进行短视频制作和推广。结合目前短视频 APP 用户比例，以抖音和快手为例进行介绍。

1. 抖音——记录美好生活

抖音短视频，一个旨在帮助大众用户表达自我、记录美好生活的短视频分享平台。相对于一般的短视频拍摄软件来说，抖音短视频 APP 的出现犹如一股清流，抛弃传统的短视频拍摄，转而拍摄音乐短视频。抖音是一个专注年轻人的 15 秒音乐短视频社区。用户可以通过这款软件选择歌曲，拍摄 15 秒的音乐短视频，形成自己的作品。为用户创造丰富多样的玩法，让用户在生活中轻松快速产出优质短视频。对于如今的年轻人来说，这一软件的出现，能让他们以不一样的方式来展示自我。此外，抖音短视频 APP 中的音乐节奏感十分明朗强烈，让追寻个性和自我的年轻人争相追捧。

相比于其他的短视频拍摄软件只是在视频的呈现方式上下功夫，抖音短视频 APP 则是另辟蹊径，以音乐为主题进行视频拍摄，这是其最大特色。此外，抖音短视频 APP 还有如下不可忽视的功能。

① 在首页为用户提供相关的音乐推荐，用户可以根据自身的喜好选择相应的背景音乐。

② 用户也可以选择快拍或者慢拍共两种视频拍摄方式，并且具有滤镜、贴纸以及特效，帮助用户将音乐短视频拍摄得更加具有多变性和个性。

③ 抖音短视频 APP 还能将拍摄的音乐短视频分享到朋友圈、微博、QQ 空间以及有针对性地分享给微信的朋友等。

因此，运营者如果想要借助抖音平台进行推广短视频，就需要利用好该平台上的所有可利用的功能，并结合平台所具有的特色和优势。

知识延伸：

抖音 APP 于 2016 年 9 月上线。2017 年 11 月 10 日，今日头条以 10 亿美元购买北美音乐短视频社交平台 Musica. ly，将之与抖音合并。2018 年 3 月 19 日，抖音确定新 slogan“记录美好生活”。2018 年 4 月 10 日，今日头条旗下短视频平台抖音表示，抖音正式上线防沉迷系统。4 月 11 日，抖音表示即日起，抖音将对系统进行全面升级，期间直播功能与评论功能暂时停止使用，升级完毕后会再次开通；微信、QQ 也暂停抖音 APP 外链直接播放功能。2018 年 6 月首批 25 家央企集体入驻抖音。2019 年 5 月，抖音再次升级“向日葵计划”，升级主要包括两方面：产品上，上线亲子平台功能，以协助家长对未成年子女的抖音账号进行健康使用管理。

2. 快手——记录世界记录你

以“记录世界，记录你”为口号的快手自 2012 年转型为短视频社区以来，就着重于记录用户生活并进行分享。

截至 2017 年 3 月，快手的用户已达到 4 亿，日活跃用户数也达到了 4000 万。发展到 2018 年 12 月，快手 APP 的下载安装已经达到了 43 亿多次。可以说，在各款短视频中，快手的下载安装次数是最多的。2018 年 6 月快手全资收购 A 站，在资金、资源、技术等方面给予了 A 站大力支持，这也是强强联合，快手又迎来了新一轮的春天。

快手发展得如此迅速，是与其 APP 特性和热门综艺认证分不开的。另外，快手区别于其他短视频平台的一个重要特征就是其在功能的开发上，并不着重于多，而是追求简单易用，并积极进行功能的提升。正是这一特征，使得用户乐于使用快手来制作、发布和推广短视频。以快手的拍摄功能为例，如果运用得好，就能打造需要的优质视频并促进推广了。快手的基本功能主要包括支持分段拍摄、专业级配乐、多样化滤镜、电影级剪辑、独家气泡贴纸相框等，深受年轻人欢迎。

无论是抖音还是快手 APP 都各有特色，在网络视频营销中都能凸显其各自的优越性，企业在进行短视频营销时，应结合产品或服务、品牌形象、市场定位和目标客户群等进行选择，做到目标精准，有效营销。

三、任务情境

小张完成策划案后，提交给了部门经理，经理高度认可小张的策划案，并吩咐小张尽快落实短视频的制作，并及时开展视频营销。但小张发现短视频制作软件琳琅满目，发布的平台也形式各样。如何才能最科学地根据策划案完成视频拍摄与美化，并顺利着手营销呢？

分析：小张需要马上明确目前常用的短视频平台及其各自的优缺点，接着选择其中一种或两种 APP，进行视频的拍摄、制作并发布推广。

四、任务实施

（一）完善视频剧本，拍摄视频

提示：

① 通过小组合作，课前完善剧本；

② 各小组进行小组讨论并分工合作，进行视频拍摄(表 5-4)。

表 5-4　视频拍摄与剪辑

序　号	项　目	执行人
1	演员	
2	拍摄	

（二）操作短视频制作软件，编辑视频

提示：

(1) 选出 1~2 个视频制作软件进行学习操作，分析其优缺点；

(2) 各小组进行小组讨论并分工合作，编辑视频，为后续营销做准备(表 5-5)。

表 5-5　常见短视频制作软件

序　号	短视频制作软件	优缺点
1		
2		

（三）视觉美化，发布并推广

① 各小组进行小组讨论并分工合作，结合视频发布的平台进行适度调整；

② 完成视频视觉美化，选定短视频平台进行上传发布，并进行推广（表 5-6）。

表 5-6　视频营销平台操作流程

序　号	视频营销操作流程	备　注

学习检测

一、知识检测

（一）单选题

1. 内容新颖、创新的短视频，通常极富创意、幽默感和故事性，一般时长为 3~8 分钟，以网络为主要传播媒介的是以下哪种类型？

A. 传统影视节目二次网络传播　　B. 网络视频短剧

C. 创意视频　　D. 微电影

2. 多渠道、多链接、环环相扣，打造具有连续性和连锁性的传播方式，扩大视频的影响范围，延长影响时间是以下哪种视频营销策略？

A. 视频整合传播营销策略　　B. 视频创意营销策略

C. 视频联锁传播营销策略　　D. 视频互动体验营销策略

3. 要确保可以在短时间内完成故事主题、情节或创意的叙述，保持视频的完整性，将产品和品牌信息完美地嵌入视频中，且不影响用户对视频的观看和理解，是指视频制作的哪一个流程？

A. 构思内容　　B. 剧本设计　　C. 角色选择　　D. 剪辑制作

4. 体型轻便，方便携带的智能手机拍摄视频的优点包括：操作简单，一学就会；直接分享，功能强大等优点的是以下哪一个拍摄设备？

A. 智能手机　　B. 单反相机　　C. 摄像机　　D. 美颜相机

5. 在巧影中，点击哪个按钮可以设置软件的硬件参数，如视频默认时间调整、排序方式、浏览模式、已录制视频的位置以及输出帧率等？

A. 视频编辑　　B. 软件设置　　C. 素材商店　　D. 选项面板

（二）多选题

1. 相比传统的视频营销，网络视频营销有哪些优势？

A. 目标精确，集中关注　　B. 传播速度更快、传播范围更广

C. 互动性强，成本低廉　　D. 不可测量和预测效果

2. 根据视频的长短和智能终端视频平台包括哪些？

A. 网络视频平台　B. 短视频平台　C. 电脑终端平台　D. 移动端平台

3. 以下哪些是常见的短片视频平台？

A. 爱奇艺　　B. 抖音　　C. 快手　　D. 优酷

4. 会声会影 2018 工作界面主要包括哪些？

A. 步骤面板　　B. 预览窗口　　C. 素材库　　D. 菜单栏

5. 常见的短视频平台包括哪些？

A. 抖音　　B. 火山　　C. 会声会影　　D. 快手

（三）简答题

1. 目前比较常见的网络视频表现形式主要包括哪些？

2. 视频的制作流程包括哪几个环节？

（四）实训题

请以国庆节为主题，围绕“建国 70 周年”，设计并拍摄一段视频，借助电脑端或者手机端编辑器进行制作一段约 1 分钟的短视频，并选择最精彩部分发布在抖音平台。

二、学习评价

项　目	自评 30%	小组评 30%	教师评 40%	总　分
1. 能理解并复述视频营销相关理论知识				
2. 能进行视频拍摄，画面清晰稳定				
3. 能运用软件进行视频编辑				
4. 能选择适当的平台发布视频				

项目六　微博营销

项目导学

微博是社会化营销的工具、平台，它的目标是扩大和客户互动的范围。随着近几年微博的发展，微博营销已成为一种常见的必备的推广方法之一，企业微博营销也越来越普遍。

微博营销是指通过微博平台为商家、个人等创造价值而执行的一种营销方式，也是指商家或个人通过微博平台发现并满足用户的各类需求的商业行为方式。微博营销以微博作为营销平台，每一个听众(粉丝)都是潜在的营销对象，企业利用更新自己的微型博客向网友传播企业信息、产品信息，树立良好的企业形象和产品形象。每天更新内容就可以跟大家交流互动，或者发布大家感兴趣的话题，这样来达到营销的目的。

项目目标

知识目标： 1. 了解微博及微博营销的基本概念；

2. 掌握微博营销的技巧。

技能目标： 1. 知晓如何注册及登录个人微博；

2. 明确市场人脉的重要性，并懂得如何运用微博营销来维系。

情感目标： 1. 树立新媒体营销的意识，提高社会敏感性；

2. 培养勤业精业的精神，树立工匠精神。

任务一：认识微博营销

“北漂族买不起房，买不起车，只奢望能有一个钻戒，不要是全裸结婚就好。有人能满足我一下这个新年愿望吗……”2010 年春节前，一位网名为“dou 小 dou”的网友在新浪微博许愿，希望有人能帮她实现愿望，不用完全裸婚。这看起来有点像天方夜谭，茫茫人海中陌生人怎么会有人停留下脚步来为你实现愿望呢?

其实，这是新浪微博举办的新年许愿及实现愿望的活动，网友可以通过微博发布梦想，有条件的网友可以帮助他人实现。

然而奇迹真的发生了，恒信钻石机构董事长李厚霖看到了“dou 小 dou”的微博，他真的给了这个即将结婚的女孩一颗钻石。网友们第一次真正体会到了微博的力量，纷纷转发。

由于事件的不断转发，恒信钻石机构董事长李厚霖一时成了网络红人。虽然他为网友提供了钻石，但是却为他赢得了良好的口碑，网友们纷纷表示“这个企业好有爱”。

课堂讨论：

① 案例中北漂网友“dou 小 dou”是如何实现自己的愿望的?

② 通过案例，请分析微博营销的特点。

一、任务背景

通过初步的学习和实践，同学们已经大致了解了微博和微博营销的形式了，然而对于如何开通微博、浏览并关注他人微博尚未尝试。个人微博是微博的基本形式，在本任务中，同学们在了解了个人微博的运营后，可再进一步深入了解企业微博营销，并体验其异同(图 6-1)。

图 6-1　认识微博营销

通过本任务，可以了解微博的注册与登录，并进行浏览、关注其他微博，初步感受微博营销的作用与功能。

二、知识学堂

（一）微博及微博营销的诞生

微博的雏形始于美国，是来源于杰克·多西(Jack Dorsey)、埃文·威廉姆(Evan Williams)等人在2006年所开办的推特(Twitter)。推特致力于服务公众对话，用户可以上传不超过140个字符的消息，也被称作为“推文(Tweet)”。在发送成功后，该用户的跟随者能及时浏览该推文，并能发表相应的评论，且能实时互动。正是由于推特的即时性和便捷性，推特在短时间内大受欢迎，在全世界范围内至今仍然非常流行，比如美国总统特朗普就非常喜欢在推特上发推文。

中国最早的微博网站出现在2007年，在操作方式和界面设计上与推特类似，同样也受到了追捧。相继出现了多家类似的网站。但是到2009年7月，由于我国的技术相对还不是特别成熟，网站管理方面经验也有所欠缺，国内微博的代表网站纷纷出现了故障，导致用户虽然注册了但是无法登录，国内用户在访问推特时也受到了限制，热火朝天的场面一下子冷静下来，微博在中国的发展冷却了下来。

可是这并没有阻碍中国在微博方面的探索，仍有许多技术人才、IT精英在对问题进行分析后，不断总结、改进、完善，终于，在2009年8月，新浪准备在微博领域试水，开始了内测。新浪邀请了很多当红明星和意见领袖使用微博，由于名人效应的带动作用，加之广告宣传的效果，普通大众也纷纷注册微博，开始尝试使用微博。

经过一系列的改良后，微博大受欢迎，微博使得在现实生活中无法获取的信息，通过关注自己感兴趣的人或行业，能非常轻松地获取，并能与其互动。很多媒体开始纷纷报道微博、明星等话题，微博以强势的表现成为中国国内互联网业界的最新热门话题。无数名人及普通网友在新浪微博上安营扎寨，自言自语或交流话题，整个微博热闹非凡。随后，搜狐、网易、人民网等门户网站相继推出了微博服务，微博成了各大门户网站的标配服务。

微博带来的是传播方式的一场变革。以前的传播方式是金字塔型的，从上到下。而现在，传播始于各个角落，每个人都能发微博，每个人都能发表评论，可以说微博开启了自媒体的新时代。

微博的意义不仅仅是记录个人的状态和心情，也不单单是贡献几句诙谐或优雅的饶舌。随着信息技术的高速发展，信息发布的门槛降低，使得“人人都可以写博客”“人人都可以是编辑”的观念深入人心。由于微博还有一个显著的特点就是“微”，人人不仅可以编辑微博，且可以很快速地编辑微博，因此，即使是对待同一个新闻时间，每个人都可以发出不同的声音，从一定意义上讲，微博不仅促成了网络的进一步繁荣，而且也促使我们的生活不断朝着公平、正义、民主、法制方向发展。

微博带来的传播变革，同样深刻地影响了营销传播的发展。微博营销发布信息的主体无须经过繁复的行政审批，从而节约了大量的时间和成本。因此，微博不仅开创了人际传播的新模式，而且开辟了企业营销的新阵地。自微博诞生之日起，微博就成为商家必争之地，基于微博的微营销也成为不少企业的营销重点。

客户体验可信度高，传播速度快，传播门槛低，费用几乎可以忽略不计……这些都是微博客营销的有利因素。但同时，由于微博客的信息碎片化程度较高，再加上 140 字的限制，对于营销传播的技巧要求也更高，这也对微博营销商家提出了更加严峻的考验。

（二）微博营销

1. 微博及微博营销的含义

根据百度百科，微博(Weibo)是指一种基于用户关系信息分享、传播以及获取的通过关注机制分享简短实时信息的广播式的社交媒体、网络平台，用户可以通过 PC、手机等多种移动终端接入，以文字、图片、视频等多媒体形式，实现信息的即时分享、传播互动。

微博营销是指通过微博平台为商家、个人等创造价值而执行的一种营销方式，也是指商家或个人通过微博平台发现并满足用户的各类需求的商业行为方式。微博营销以微博作为营销平台，每一个听众(粉丝)都是潜在的营销对象，企业利用更新自己的微型博客向网友传播企业信息、产品信息，树立良好的企业形象和产品形象。每天更新内容就可以跟大家交流互动，或者发布大家感兴趣的话题，这样来达到营销的目的，这样的方式就是微博营销。

2. 微博营销的特点

微博营销的特点与微博这一平台密切相关，微博是手机短信、社交网站、博客和 IM 等四大产品优点的集大成者。不管是内容展现，还是信息发布；无论是传播速度，还是影响深度，微博营销都体现出无可比拟的优越性。

(1) 多媒体、全方位展现信息

现代信息讲究图文并茂，动静结合，这样才能全方位、全角度地展示企业或产品，也能进一步拉近潜在消费者与企业、产品、品牌之间的深度关联。同时，微博从简单的平面文字发展成为多手段同时使用的动态信息，使得相关信息充满了动感、事件变得鲜活起来，增加了信息的说服力和影响力。

（2）超便捷发布信息

一条微博不超过 140 个字，否则变成了长微博，这就大大降低了发布信息的门槛。人们能够抓住即时的灵感，几句简单的话语，有感而发，配上图文，使得发送微博成为当代人的新风尚，人人使用微博，人人阅读微博，人人转发微博，也迎合了当代年轻人的快餐文化。相对于长篇大论的博客而言，微博显得短小精悍，不需要花费太多的时间和精力进行编辑和阅读，也不需要经过繁复的行政审批，从而节约了大量的时间成本和金钱成本。

移动互联网的发展让微博的信息发布变得更加便捷，用户不管是家里、在等公交的时候，还是在排队的过程中，都能对自己感兴趣的事物发布微博信息。而且随着移动端手机越来越普及和智能化，微博的发布变得越来越轻松。

（3）高速度地传播信息

当代信息技术的高速发展为微博的发展提供了一臂之力，加之微博提供可以转发的功能，各种智能手机的普及面广，更新换代快，使得信息的高速传播成为可能。一条微博事件一夜之间全网皆知的情况比比皆是。

（4）更广泛地影响消费者

传统的营销方式主要通过各种类型的广告，如电视广告、平面广告等，缺少互动性，从而广告的效果大打折扣。而微博营销打破常态，实现了与粉丝的及时沟通，快速获得用户反馈，加强了企业与粉丝之间的互动，架起了沟通的桥梁。同时由于网络 24 小时在线，这使得消费者不论在什么时候，什么地域都能快速获取信息，不管是传播的广度还是影响的深度都非常好。

3. 微博营销的分类

（1）个人微博营销

个人微博营销，顾名思义，是以个人的名义来运营的微博账号。个人微博多以明星、成功人士居多，他们通过微博与粉丝分享日常，让粉丝更加了解自己和喜欢自己，博文内容多为记录形式或者有感而发，没有太多的营利性质。但是，与普通个人微博不同的是，一般明星、成功人士多有专门的营销团队进行运营，且会定期更新，互动性较好。

（2）企业微博营销

与个人微博营销不同的是，企业一般是以盈利为目的，通过发布产品信息、企业信息使得消费者或潜在消费者更加了解产品或企业，从而增加企业的知名度，销售更多的产品。但相对于传统营销方式一般只需一段时间投入一次，如电视广告，微博营销需要及时更新，需要经常保持互动，也对企业微博营销者提出了更加高的要求。而且正是由于微博的“微”，如何在有限的篇幅里清晰地表达主旨，也是需要企业微博营销需要注重的技巧。

4. 微博营销的原则

（1）真诚原则

诚实守信是社会主义核心价值观的内容，也是微博营销的基本原则。在进行微博撰写时，一定要以真诚的态度，认真对待粉丝。在与粉丝互动时，更要以诚相待。如果在微博中对粉丝们有所承诺，则一定要兑现，否则会给粉丝留下不守信用的印象，损失将难以估计。

（2）趣味原则

具有趣味性的微博能迅速吸引眼球，并能促进粉丝们进行转发宣传。趣味性能活跃气氛，且能让人过目不忘，也能增强粉丝们的互动，在生动风趣的微博中亦能宣传产品而不引起反感。但同时也要注意，不要用低俗的、恶搞的、损害他人的“趣味”，这样会适得其反。

（3）乐观开朗原则

乐观开朗、积极阳光、充满正能量的人往往能自带光环，吸引众多朋友，微博也是一样。虽然隔着屏幕，但是粉丝们能通过不同的字眼表达，不同的表情符号，感受到微博的感染力，没有人不喜欢幽默感，也没有人不喜欢乐观开朗、积极向上的人。

（4）个性魅力原则

现代人的审美观念已有很大的变化，如果千篇一律的营销，粉丝们则会快速略过，宣传效果大打折扣。而具有个性魅力的微博账号才能受人喜爱，且粉丝们会自动关注，无形之中进行模仿，营销效果自然较好。

（5）利益原则

粉丝在关注微博时，不仅可以了解他人不一样的生活，如果还能有一些实际的利益收获，那将是锦上添花。如果能在微博中时常发布折扣信息，且确实是从粉丝的利益角度出发，那无疑能增加粉丝的忠诚度。

（6）互动原则

互动是和粉丝沟通的最简单、方便、成本较低的一种方式。微博转发抽奖活动则一直都是微博互动中最主要方式，不仅能增强趣味性、利益性，更体现了对粉丝的回馈，忠诚度进一步提升。

（7）创新原则

现今社会，网络信息技术发达，海量信息充斥着消费者左右，微博要能吸引眼球，必须与时俱进，关注社会热点，适时而变，并不断尝试使用新的方式挑起粉丝的兴奋度，从而达到营销目的(图 6-2)。

图 6-2　微博转发抽奖示例

（8）保持热度的原则

采取一定的方式方法让微博保持热度，及时更新，或者适时地掀起辩论、争吵，都是保持热度的方法。同时，也可以设置一些问题让粉丝回答，并进行抽奖，也是不错的选择。

5. 微博营销的优势

（1）操作简单，传播速度快

编辑微博可以直接使用模板，简单的微博字数也不需要太多，只要有手机、电脑、网络等基础设施，就能随时随地编辑微博并发表。粉丝们也能立即获取更新的微博，即时通信模式让一条关注度较高的微博在短时间内可以抵达微博世界的每一个角落，因此，微博操作简单、传播速度快的优势较为凸显。

（2）互动性强

微博能与粉丝实现即时沟通，粉丝们也能看见彼此的转发、评论、回复等，这样能增强时效性，即时获得反馈，互动性强。

（3）低成本

传统的大众媒体(报纸、流媒体、电视等)需要经过较为严谨的前期准备工作，且投入成本巨大，一旦制作好，变化性不大，且宣传的媒介往往不是随时随地可得。而微博营销受众同样广泛，前期一次投入，后期维护成本低廉，发布信息的主体无须经过繁复的行政审批，从而节约了大量的时间和成本。

（4）精准性强

一般粉丝在进行浏览微博时，对自己感兴趣或需要的东西才会加以关注，因此，对于企业来说，添加关注的粉丝群已经从浩瀚的消费者市场中筛选出来，被认为是潜在消费者，企业可以对其进行精准营销。同时，由于微博传播的便捷性，转发的病毒式传播模式，往往在短时间内就能全网皆知，这对于企业微博营销来说无疑是利好的。

如图 6-3 所示，在众多网络营销当中，微博营销的优势显而易见，其成本最低，传播速度最快，互动性最强，精准性最高，可见，个人或企业选择微博作为网络营销的主要工具进行发布与产品相关的广告，粉丝受众群也相对较集中，也能得到更大的利益。

网络营销模式	成本	传播性	互动性	精准性
网络广告	★★★★★	★	无	★★
搜索引敬	★★★★	★	无	★★★★★
E-mail	★★	★	★	★★
SNS	★	★★★★	★★★★	★★★★★
博客	★	★★★	★★★	★★★★★
微博	★	★★★★★	★★★★★	★★★★★
注：星号越多，代表在这一特征向量中的特征值越大。				

图 6-3　微博营销与其他营销方式的对比

三、任务情境

在上一章的学习中，我们了解到东方有限公司是一家成立了将近十八年的公司，该公司主营产品是豆奶。市场部小张已经为产品进行了相应的视频营销，同时也考虑到微博营销成本低、传播快的优点，微博营销也是企业营销不可错失的良机。假设你是小张，你怎么办？

分析：小张首先要开通个人微博，学会浏览并关注他人微博，并对微博营销有系统的概念，了解微博营销的基本技巧和方法（图 6-4）。具体需要完成以下步骤：

◇ 选择微博注册平台；

◇ 注册、登录微博；

◇ 浏览、关注他人微博；

◇ 总结微博营销的基本技巧和方法。

四、任务实施

任务一：认识微博营销任务实施流程图

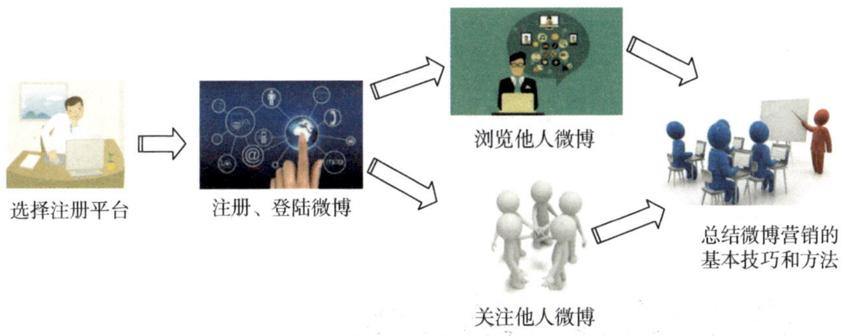

图 6-4 认识微博营销任务实施流程图

（一）选择微博注册平台

利用搜索引擎搜索提供微博服务的网站，如百度搜索、360 搜索、搜狗等。如在百度文本框输入“微博网站”，单击“百度一下”按钮，出现如图 6-5 所示的搜索页面。从搜索的结果看，目前提供微博服务的网站主要有新浪网和腾讯网。尽管两个网站提供的微博服务不尽相同，但是各自都有忠实的用户。

图 6-5 百度搜索“微博网站”结果页面

（二）注册、登录微博

1. 注册微博

目前，注册用户数和使用人数较多的微博服务网站主要是新浪网，因此，在本任务中，我们将在新浪网中注册个人微博，注册成功后将登录微博。

① 进入新浪网 https：//www. sina. com. cn/，找到微博按钮，并单击进入，如图 6-6 所示。

图 6-6　新浪网首页页面

② 在微博登录界面找到“立即注册”，并单击进入。如图 6-7 所示。

图 6-7　新浪微博登录页面

③ 根据注册页面所需信息进行填写。选择新浪微博个人用户注册，填写手机号/邮箱账号、密码进行注册，如图 6-8 所示。进入新浪个人微博主页后，单

击用户头像(两者均可)，完善基本资料，如图 6-9 和图 6-10 所示。

图 6-8　新浪个人微博注册页面

图 6-9　注册成功后个人微博首页页面

2. 登录微博

方法一：进入新浪网 https：//www. sina. com. cn/，单击“微博”链接，在账号登录栏目下输入邮箱/会员账号/手机号、输入密码登录，单击“登录”按钮，进入我的微博页面。

方法二：进入新浪网 https：//www. sina. com. cn/，单击“微博”链接，单击“安全登录”，利用微博手机客户端扫码进入我的微博页面。

图 6-10　完善微博个人资料

方法三，进入新浪网 https：//www. sina. com. cn/，单击“登录”，使用输入邮箱/会员账号/手机号、输入密码登录，或者利用微博手机客户端扫码进入我的微博页面。

3. 浏览、关注他人微博

（三）浏览他人微博

在个人微博首页页面，浏览热门微博，可以在首页左边的导航栏中，单击“热门微博”“热门视频”“最新微博”等，也可在右边侧栏目中单击“热门话题”“主播红人榜”等进行浏览。如图 6-11 所示。

图 6-11　登录并浏览新浪微博网页页面

（四）关注他人微博

新浪微博关注别人，就是对好友微博动态进行关注。好友更新微博，内容就会自动推送给你，可以看到他/她的最新动态。

登录自己的微博账号后，在搜索框里输入对方的昵称如“哪吒之魔童降世”，下方就会显示所要找的微博(图6-12)，点击进入，单击“关注”即可完成关注(图6-13)。

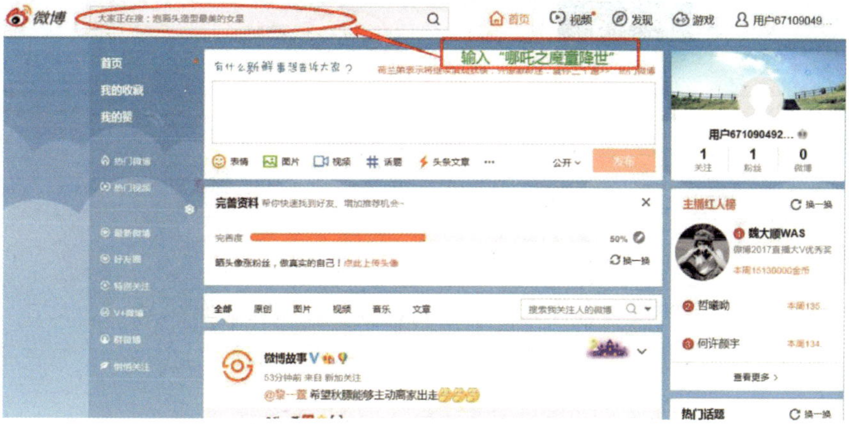

图6-12 搜索他人微博页面

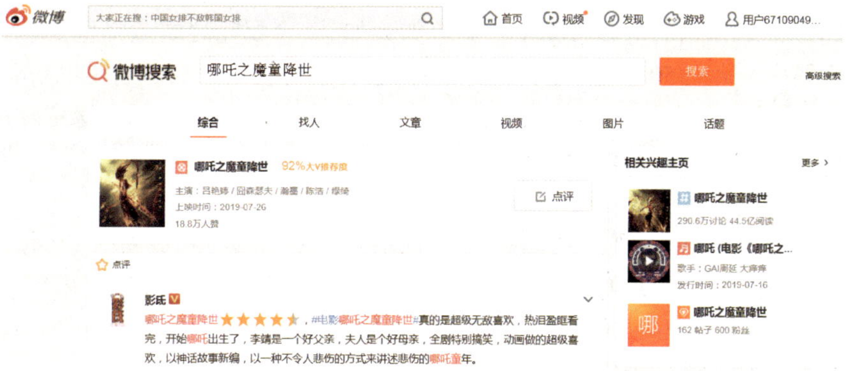

图6-13 搜索他人微博结果页面

（五）总结微博营销的基本技巧和方法

通过浏览和关注他人微博(图6-14)，总结微博营销的基本技巧和方法，并回答以下几个问题：

◇ 你浏览并关注的微博是什么？

图 6-14　关注他人微博页面

◇ 你浏览的微博博文有什么特点？它在哪些方面吸引你？

◇ 你关注的微博使用了哪些微博营销的技巧和方法？

任务二：　微博营销的应用

2019 年暑期档的电影市场中，竞争如火如荼。《哪吒之魔童降世》真可谓席卷各大票房，突破 50.7 亿，该片位列中国影史票房榜第二名。它是继《战狼 2》后第二部破 50 亿的国产影片，也是票房最高的国产动画。《哪吒之魔童降世》动画制作精美程度、配乐的沉浸感，都为它加分不少，每一点都非常优秀，成就了年度暑期档电影黑马。

在微博上，除了#哪吒之魔童降世#的话题之外，哪吒和敖丙的 CP 超话“藕饼”和“饼渣”的讨论度也是居高不下。粉丝们在社交媒体上持续输出内容、扩散热度。此外，还有不少画手专门制作二人的同人图、漫画版搞笑片段等，这些作品通过大 V 博主转发推广，最终覆盖全网用户群体。

2015 年，《西游记之大圣归来》上映，在影片中有一个关于“哪吒是女的”的梗。为了给《哪吒之魔童降世》造势，制片方再次拾起这个梗，与《大圣归来》IP 合作拍摄一支联动视频。短片中，哪吒、大圣两大英雄首度同框。哪吒用充满个性化的方式，对“哪吒是男是女”的问题进行接梗互动，又一次引爆了话题传播。

当然，《哪吒之魔童降世》并不是一开始就拥有如此高的关注度的。数据显示，1月《哪吒之魔童降世》发布第一支预告片时，网络播放量只有3万。就连影片宣布提档至7月26日上映时，市场对它也没什么讨论。但是依靠影片自身过硬的质量，同时借助其背后的微博营销策略，成功俘虏了广大影迷的心。

课堂讨论：

案例中，《哪吒之魔童降世》这部电影的宣传中，运用了哪些微博营销的技巧？

一、任务背景

通过初步的学习和实践，同学们已经注册开通了个人微博，并已经大致了解了微博营销的常用方法和手段，在本任务中，将围绕微博营销开展相关的营销推广活动。

通过本任务，可以掌握微博的撰写与发布，同时，利用微博营销的常用方法和手段进行简单的营销推广活动。

二、知识学堂

微博营销已经被越来越多的企业所重视，在微博营销中，如何能脱颖而出，为企业树立良好的口碑，为产品带来暴涨的销量，是企业需要思考的问题。因此，在进行微博营销时，需要掌握一定的技巧和方法。

（一）微博的数量不在多而在于精

一个好的微博能引发讨论，引起思考，引起读者共鸣，往往微博不在数量多，而在于质量好。博主应该把精力放在做精几篇微博，精雕细琢；而不是做多几十篇微博，滥竽充数，杂乱无章的内容只会浪费时间和精力，所以我们要做精，重拳出击才会取得好的效果。

因此，在进行微博营销时，应树立精业勤业的意识，培养工匠精神，宁缺毋滥。

（二）个性化的名称

一个好的微博名称不仅便于用户记忆，也可以取得不错的搜索流量，且便于传播。有很多好的网站名如百度、淘宝等都是简洁易记，很多商标名如美的、华为等都蕴含了文化底蕴。因此，在对微博进行用户名称设置时，也应结合企业名称及文化、产品名称与特性或者个性化名称来作为微博的用户名称，能给人留下深刻的印象。

（三）巧妙利用模板

微博模板在设计时基本考虑了绝大部分用户的需求，因此在编辑时，巧妙利用模板，能节省大量的人力物力，还可以选择与行业特色相符合的风格，这样更贴切微博的内容。当然，在微博中也可以设计适合自己特色的模板，虽然比较耗时耗精力，但这样能让读者耳目一新，过目不忘，也是不错的选择。

（四）使用搜索检索，查看与自己相关内容

任何一种营销方式都要讲究成效，微博营销也不例外。当微博发布后，可以利用微博的搜索功能对类似的话题进行搜索，并可以查看自己微博的排行榜，并与其他微博进行对比。同时也能通过该功能，发现微博热点，查看评论数量、转发次数，以及关键词的提到次数等，能更好地了解微博营销的效果。

（五）定期更新微博信息

新鲜的事物往往能引起读者的好奇，同时，微博平台一般对发布信息频率不太做限制，因此，定期更新微博信息对于保持粉丝互动显得尤为重要。我们要不断制造新的话题、发布与企业相关信息，才可以吸引目标客户的关注，保持顾客的忠诚度与满意度。这就需要运营者提高社会敏感度，对热点事件具有较强的捕捉能力，抓住热点，吸引眼球，这样还可能被网友转发或评论。

（六）善于回复粉丝们的评论

市场人脉都是慢慢累积的，是在平时的一次次互动中慢慢建立起来的。我们要积极查看并回复微博上粉丝的评论，被关注的同时也去关注粉丝的动态。既然是互动，那就得相互动起来，有来才会有往，回复评论也是对粉丝的一种尊重。如果你想获取更多评论，就要以积极的态度去对待评论，而且讨论的话题及用语也要适当，积极传播正能量，这样才不至于掉粉。

（七）#与@符号的灵活运用

在编辑微博时，可以运用两个“#”，中间的文字就是话题的内容，这样可以突出重点，也便于粉丝浏览。还可以使用“@”符号，意思是“at”“向某人说”，这样就能有针对性地把某个用户引入，重点进行交流。如在微博菜单中点击“@我的”，也能查看到提到自己的话题。灵活运用符号，简单明了，重点突出，能让粉丝能迅速锁定话题，也便于搜索。

（八）学会使用私信

私信可以保护收信人和发信人的隐私，具有私密性，所以当活动展开时，发私信的方法更能表示对粉丝的尊重与重视。与微博的文字限制相比较，私信还可以容纳更多的文字。只要对方是你的粉丝，你就可以通过发私信的方式将更多内容通知对方。且私信的使用不打扰其他粉丝，对有需要的粉丝私信，也能更清楚明白。

（九）确保信息真实与透明

企业在运用微博进行营销时，如果采用有奖转发、开展促销活动，一定要兑现所公布的内容，且要体现公开公正公平的原则，这样才能保持关注度，同时也赢得粉丝的信任。并且，如果有多个平台同时进行营销，每个平台之间的活动要保持一致，同时也可以设置友情链接，或在微博上对活动进行跟踪报道，确保活动的持续开展，以吸引更多客户的加入。

（十）不能只发产品企业或广告内容

微博不是单纯广告平台，微博的意义在于信息分享，且有互动，没兴趣是不会产品互动的。我们要注意话题的娱乐性、趣味性、幽默感等，让粉丝主动关注。如果天天只是发布大量产品信息或广告宣传等内容，很快就会引起粉丝的反感，这种做法得不偿失。应该在发布比较精雕细琢的微博中，无意间透露需要宣传的企业或产品，宣传于无形，将会收到意想不到的效果。

三、任务情境

小张在开通了微博，并对微博有了系统的了解后，欲对企业和产品进行微博营销。如何撰写微博，并顺利着手营销呢？

分析：小张需要马上明确如何撰写微博，了解微博营销的技巧和各种推广策略，并进行微博营销。具体需要完成以下步骤：

◇ 撰写微博，并在微博中插入表情、图片、视频并发布。

◇ 利用“#”与“@”等符号撰写微博，并发布。

◇ 撰写微博，在微博中插入投票等小程序。

◇ 撰写微博，发起有奖转发、有奖评论等活动。

四、任务实施

任务二：认识微博营销任务实施流程(图 6-15)

撰写微博、并在微博中插入表情、图片、视频并发布　　利用“#”与“@”等符号撰写微博，并发布　　撰写微博，在微博中插入投票等小程序　　撰写微博，发起有奖转发、有奖评论等活动

图 6-15　微博营销的应用任务实施流程图

(一) 撰写微博，并在微博中插入表情、图片或视频并发布

进入新浪微博首页，在微博编辑框中输入文本内容，要求在微博中插入表情、图片或视频，然后单击发布，如图 6-16 所示。发布后将呈现如图 6-17 所示的微博。

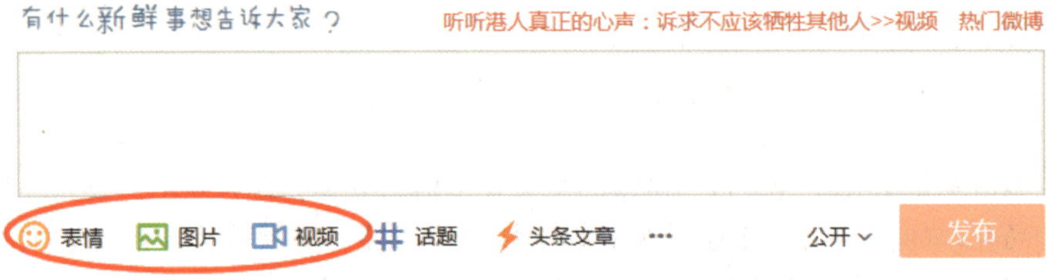

图 6-16　编辑微博，并插入表情、图片、视频

图 6-17　微博中插入表情、图片或视频示例

（二）利用“#”与“@”等符号撰写微博，并发布

进入新浪微博首页，在微博编辑框中输入文本内容，要求在微博中利用“#”与“@”等符号撰写微博，并发布，如图 6-18 所示。发布后将呈现如图 6-19 所示的微博。

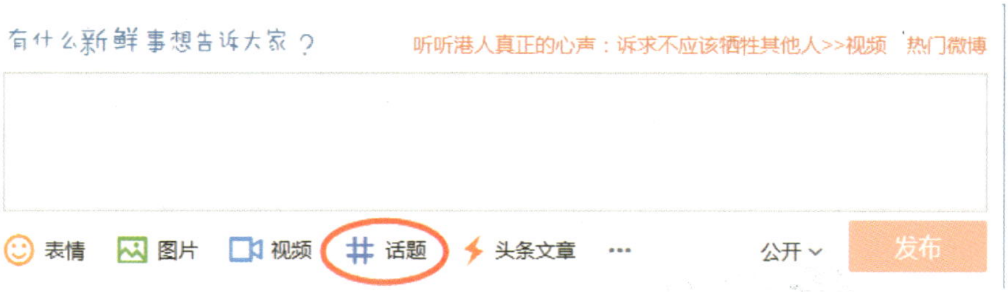

图 6-18　利用“#”与“@”等符号撰写微博

图 6-19　微博中利用“#”与“@”等符号示例

（三）撰写微博，在微博中插入投票等小程序

点击右上方的“首页”，可以看到新浪微博发布框，在“头条文章”的右方有“…”图标，点击这三个点就可以看到“点评、定时发、音乐、投票、微公益、发文件、文章”等功能，点击其中的“投票”就可以设置相关信息发起投票了，可以发起文字投票、图片投票。如图 6-18 所示。发布后将呈现如图 6-19 所示的微博。

（四）撰写微博，发起有奖转发、有奖评论等活动

进入新浪个人微博主页后，单击用户头像（两者均可），进入用户主页，单击“管理中心”，在左边导航栏中单击“营销推广”，单击“抽奖中心”，出现用户

自己编辑的微博后，单击“抽奖”，进入页面后进行相应的奖项设置。如图 6-20~图 6-22 所示。值得一提的是，若设置抽奖等有奖活动，需提前支付。发布后将呈现如图 6-23 所示的微博有奖活动。

图 6-20　在微博中插入投票等小程序

图 6-21　在微博中设置抽奖活动

图 6-22　完善抽奖活动中的奖项设置等信息页面

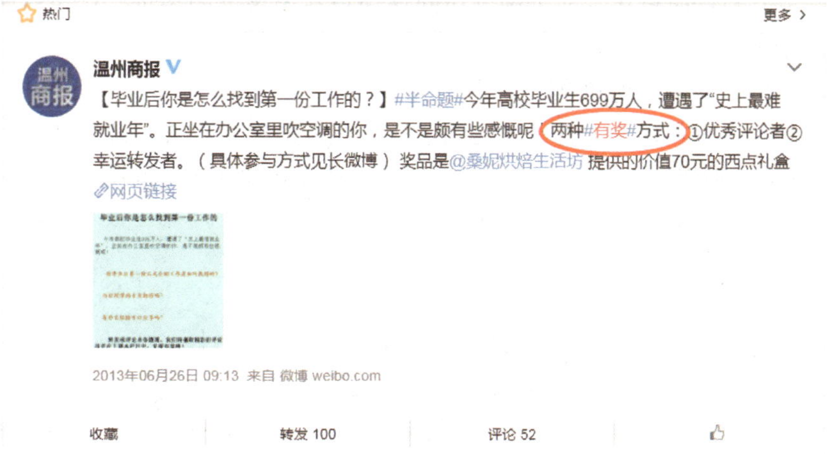

图 6-23　微博中设置抽奖活动示例

学习检测

一、知识检测

（一）单选题

1. 加 V 用户的 V 代表什么意思？（　　）

A. VIP，表示该用户是重要人物　　B. victory，表示这人胜利了

C. vegetables，表示他是菜鸟　　D. verification，表示这人是实名用户

2. 微博表示某个人很无辜的时候，会说这个人？（　　）

A. 站着也中枪　　B. 躺着也中枪　　C. 蹲着也中枪　　D. 趴着也中枪

3. 微博@这个符号正确解释是（　　）

A. 这个符号用英文读的话就是 at　　B. 在微博的意思是“向某某人说”

C. 发微博时只要在微博用户昵称前加上一个@，并在昵称后加空格或标点，他（或者她）就能看到

4.（　　）一直都是微博互动中最主要方式，微博营销过程中适当发布一些利益作为回馈，粉丝将会更加忠诚。

A. 微博转发抽奖活动　　B. 博文互动

C. 热点话题　　D. 使用@符号

5. 下面正确的是（　　）

A. 国内最早的微博平台是新浪微博　　B. 你在微博上的分组别人是看不到的

C.“毫无 PS 痕迹”的意思是没有经过 PS 处理

（二）多选题

1. 微博@使用方法为：“@+空格或者标点符号”，@的作用（　　）

A. 一旦点击@链接，网页则会访问该用户在微博上的主页，让用户即使和微博主互动。

B. 帮助微博主发现和自己关系密切的微博。

C. 如果有人在评论中通过@提到了微博主，微博主将被系统告知有人评论了他，从而帮助微博主即使发现自己的微博，便于建立两者之间的互动，可以认为是一种被动搜索。

D. 起到了强调的作用

2. 微博#的使用方法：（　　）

A.“#+活动名称或话题名称+#”表示微博上专门的话题活动标签

B. 微博平台#的使用方法为#内容，可以将相关的讨论分类归总。

C. 点击“#+活动名称或话题名称+#”即可搜索出所有参与该话题的微博信息和微博主。

D. 关注该话题的微博主其实也是企业的潜在客户。

3. 添加关注有很多方式，最常见的几种方式：(　　)

A. 可能通过搜索找到自己的目标微博，添加关注

B. 在自己微博界面上发掘带@的用户，点击进入添加关注

C. 通过微群里面的成员添加关注

D. 通过粉丝可以添加关注

4. 下面正确的解释说：(　　)

A. 在任意微博信息右下角均有“评论、转发”按钮，直接点击进入完成即可。

B.“转发”主要指通过点击该按钮传播该博文信息，转发时可以加入转发的理由。

C.“评论”主要指在其他人的微博进行评论，发表自己的看法。

D. 私信主要用于一些不便于公开讨论的问题，作用等同于悄悄话，只有双方才能看到。

(三) 简答题

1. 微博营销的营销技巧有哪些?

2. 微博营销的优势有哪些?

(四) 实训题

假设你是一家女装专卖网店店主，正值国庆佳节，你店要举办一次优惠活动，请设置你的优惠方式来吸引顾客光临，并用140字以内的微博来宣传你的活动(言之有理即可)。

二、学习评价

项　目	自评30%	小组评30%	教师评40%	总　分
1. 微博定位明确				
2. 微博设计外观美观				
3. 微博内容吸引				
4. 微博点击量高				
5. 微博带来的销售量				

项目七　搜索引擎营销

项目导学

从当前互联网的发展状况来看，搜索引擎在互联网运用中处于极其重要的地位，正是由于这种地位，因此搜索引擎对用户引导一直保持着非常直观的作用。假设一个应用能够引导用户的行为，那就代表着这种应用肯定受到网络营销者的青睐。对网络营销新人来说，搜索引擎营销是一种相对少见的方法，然而因为搜索引擎在如今互联网运用中扮演着举足轻重的角色，决定了所有网络营销人员都必须了解并学会搜索引擎营销的相关概念和知识。经过本章节的学习，学习者可对搜索引擎营销知识有一定的理解，并能学会运用搜索引擎查找网络信息，以及结合企业实际状况应用搜索引擎进行网络营销。

项目目标

知识目标： 1. 能复述搜索引擎营销的概念；
2. 能复述搜索引擎营销的优势；
3. 能列举搜索引擎营销的常用方式；

技能目标： 1. 可以对网站进行简单的 SEO 优化；
2. 能够熟练掌握整理关键词的常用技巧；
3. 能够撰写优质创意；
4. 能够利用搜索引擎进行竞价与免费推广；

情感目标： 1. 树立学生的营销意识；
2. 培养精益求精的工匠精神；
3. 培养诚信推广的职业素养。

任务一： 认识搜索引擎营销

搜索引擎可以通过互联网接收用户的查找命令，同时向用户提供契合其查询要求的信息资源网址，它通常有四个部分：搜索软件、索引软件、查询软件和用户接口。

搜索引擎工作原理是这样的：

第一步：搜索软件在互联网上收集网页信息；

第二步：索引软件标引网页信息，建立索引数据库；

第三步：搜索引擎用户通过搜索界面输入搜索关键词提出查询请求；

第四步：用户查询的信息被查询软件分解成若干关键词，在索引数据库中进行关键词匹配，挑选满足匹配条件的信息，并依照匹配程度的高低进行排序后再将结果返回给用户。

由于现在网民要在网上查找信息，基本都是通过搜索引擎这个接入口进行，所以搜索引擎营销一直都有着非常大的市场。本节内容带领大家一起学习搜索引擎营销的知识。

一、任务背景

宝马公司在搜索引擎营销的战略应用上做到了极致。其首先让公司的全部产品名称都排名首位，此外，不断研究用户可能出现的关键词查询组合，并购买了全部相关的关键词，使这些关键词的搜索结果也处于第一位。

同时，宝马公司与搜索运营商进行深度合作，充分利用搜索引擎的技术，进行品牌精准传播。用户在搜索引擎输入其产品名称后，在搜索结果显示页面首位展示的是宝马公司美观的官网，第二位展示的是其经销商网站。这一创举，使宝马公司达成了该品牌的全面积覆盖，在用户心中树立了良好的品牌形象，同时也节省了大笔的广告预算。

二、知识学堂

（一）搜索引擎营销

搜索引擎营销，也就是 SEM，是根据用户应用搜索引擎作为网络营销阵地，充分挖掘用户检索信息的每一次机会，尽可能将营销信息传递给目标客户。在行业中，SEM 常称作“竞价推广”，而国内的搜索引擎以百度为主，因此 SEM 又常常被叫做“百度竞价”。

百度竞价是一种按实际推广效果付费的在网络营销领域相对成熟的搜索引擎广告，是指企业的产品、服务等被放到百度搜索引擎平台上做付费推广。企业可以通过购买该项服务使推广信息出现在网民相应的搜索结果的前列中。网民可以点击感兴趣的结果条进入企业网站，进行下一步的购买活动。百度竞价能够用相对少量的投入为企业带来大量的精准潜在客户，可以有效地提高企业的销售业绩。

（二）搜索引擎营销的优势

1. 按点击付费

当网民对推广信息有兴趣并点击进入，才算推广费。通过这种计费方式，企业可以对推广力度和广告成本投入进行灵活控制，从而力图达到较高的投资回报率。

2. 高性价比

百度推广一次最低投入几千元即可，点击费用低至几毛起，非常适合中小企业开展有效的推广。通过这种方式可以实现少量的投入带来大量的潜在客户，从而有效提高企业的销售业绩，并打响企业的品牌知名度。

3. 针对性强

百度竞价推广只有通过搜索关键词才能找到企业的推广信息，因此信息都只展示在精准的潜在客户面前，具有极强的针对性，客户主动性强，推广效果更好。

4. 更大曝光量

知名的搜索引擎每天的曝光量能达到数亿次，而企业参与知名的搜索引擎营销，能够让更多的企业潜在客户通过搜索引擎第一时间找到企业网站从而进行交易。

5. 不分地域与时间

只要有目标客户，无论在任何地方或任何时间，客户都能方便地找到企业及产品。

（三）常见百度付费推广的方式

1. 百度搜索推广

该推广方式“按点击付费”，有如下特点：

① 是搜索引擎营销最常用的推广方式，广告展现在网民获取信息最常用的页面。

② 广告结尾处明确标有“广告”字样，如图 7-1 所示。

2. 百度品牌专区

该推广方式“按时间收费”，可包月、包年，不管点击多少次，都不会收其他费用。特点如下：

图 7-1 百度搜索推广

① 只能推广本企业的产品及商标词。

② 全国范围 24 小时首位展示。

③ 推广成本高昂，小企业知名度与搜索量较低，不建议使用该推广方式。

④ 广告形式多样，如图 7-2 所示。

图 7-2 京东品牌专区广告

3. 百度闪投推广

该推广方式“按点击付费”，推广形式多样，更容易吸引网民的注意，从而提高广告点击率。如图 7-3～图 7-5 所示，分别为图文样式、商品列表和商品橱窗三种百度闪投推广方式。

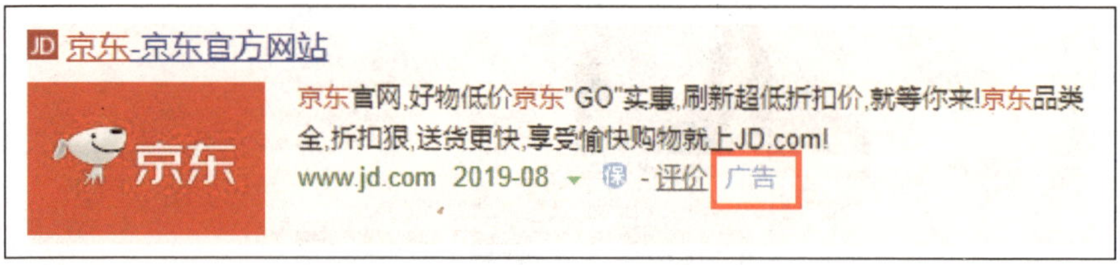

图 7-3 百度闪投推广的图文样式

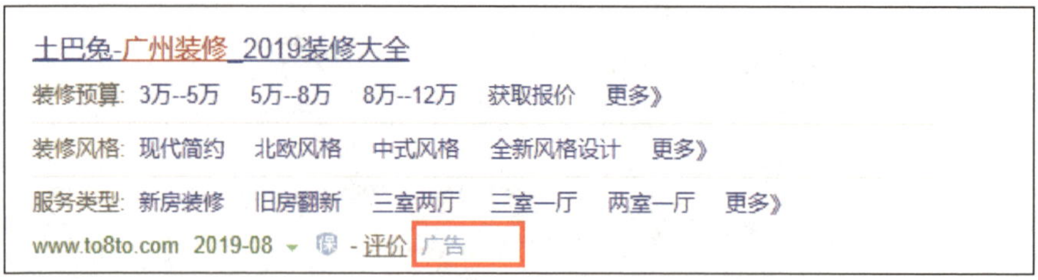

图 7-4 百度闪投推广的商品列表

图 7-5 百度闪投推广的商品橱窗

4. 百度网盟推广

该推广方式“按点击付费”。特点如下：

① 广告主要以图片为主。

② 与百度合作的联盟网站上都能够展示该广告，拥有巨大的展现量，如图 7-6 所示。

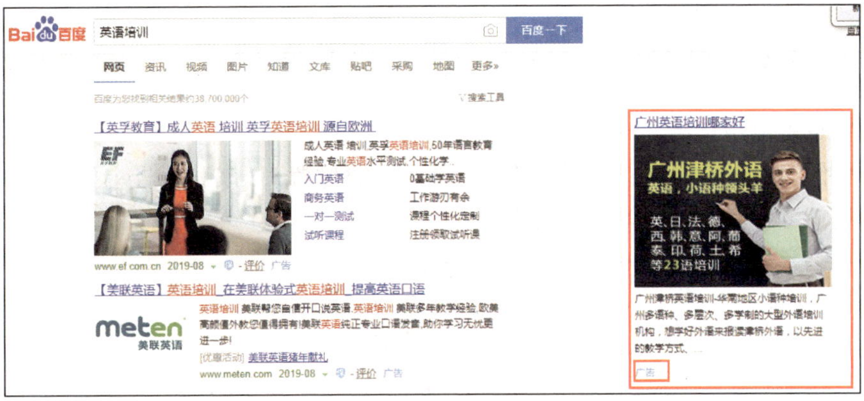

图 7-6　百度网盟推广

5. 百度图片推广

该推广方式仅展示在“图片”频道，“按时间付费”。如图 7-7 所示。

图 7-7　百度图片推广

6. 百度品牌起跑线

该广告展示在百度的“网页”频道，如图 7-8 所示，“按时间付费”。特点如下：

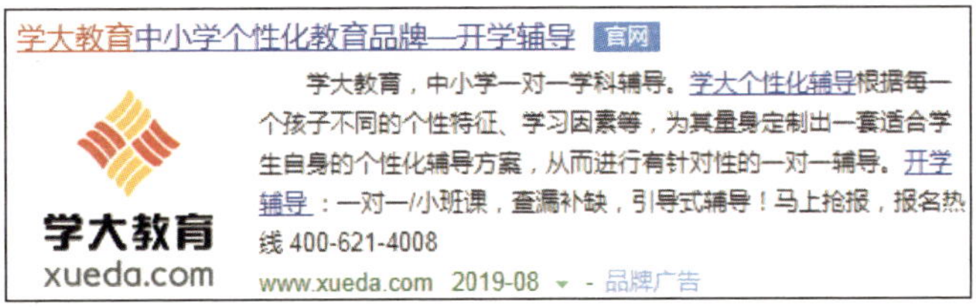

图 7-8　百度品牌起跑线

① 仅对公司品牌词进行推广。

② 广告占用面积较小，推广形式普通，价格相对低得多，主要面向中小企业。

7. 百度品牌地标

该推广展示在“网页”频道右上方，“按时间付费”。该种广告主要推广的关键词为“非品牌词”，如图 7-9 所示。

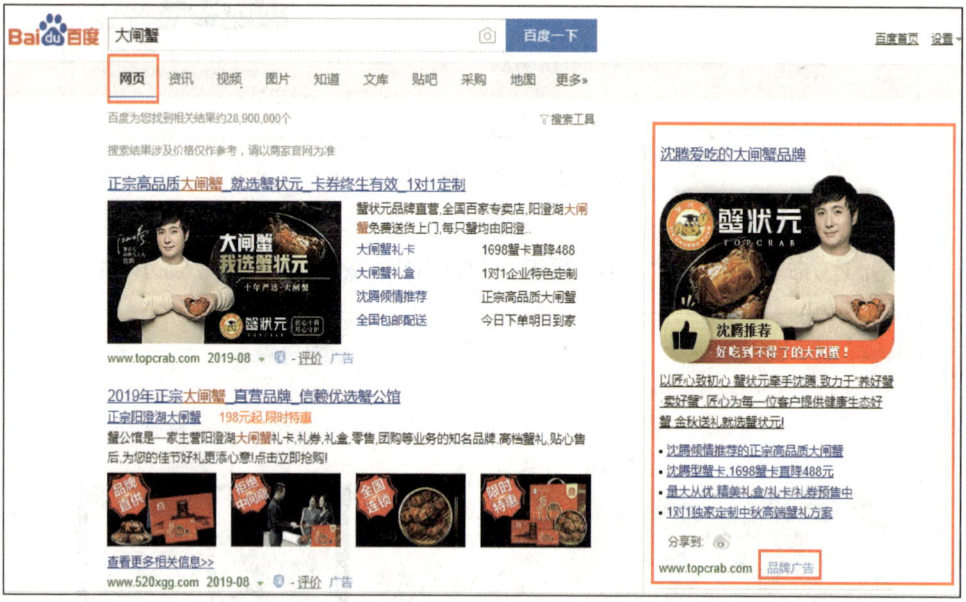

图 7-9　百度品牌地标

三、任务情境

顺科新能源技术股份有限公司是一家生产新能源汽车充电枪、高压连接器等产品的公司，企业有固定的合作伙伴，然而全国知名度较低。该企业的营销人员李小姐从宝马公司的案例中得到启发，企图为企业提高市场竞争力，同时打响品牌知名度，于是她准备利用搜索引擎进行网络营销推广，开拓企业在全国范围内的市场。请你应用所学知识帮帮李小姐。

分析：在开展搜索引擎营销之前必须首先要了解搜索引擎营销的相关知识，以及搜索引擎营销的使用方法。

四、任务实施

活动一：借助网络资源以及教材等，归纳总结搜索引擎营销的概念和特点

(1)搜索引擎营销的概念

(2)搜索引擎营销的优势

活动二：学习百度推广常用方法及其特点

各小组进行小组讨论并分工合作，收集相应知识点的内容，填写表格，汇总知识点。

推广方式	特　点	推广成本

活动三：注册百度推广账户

百度推广账户(又名凤巢账户)，可通过自助开通、分公司开户、代理商开户等多种方式开户，开通地址为 http：//e. baidu. com，进入后填写公司信息，百度公司对注册开户企业的资质及网站进行审核，符合要求方可开户。

刚接触的 SEM 初学者，可以自己注册一个账户，该账户不需要任何身份证、营业执照资质，也不需要开户费用，可直接开通，但不能付费推广，只能进行操作练习。注册网址为 www2. baidu. com，注册入口及信息填写页面如图 7-10～图 7-13 所示。填写完后点击“下一步”按钮，即可注册成功。

图 7-10　注册百度推广账户(1)

图 7-11　注册百度推广账户(2)

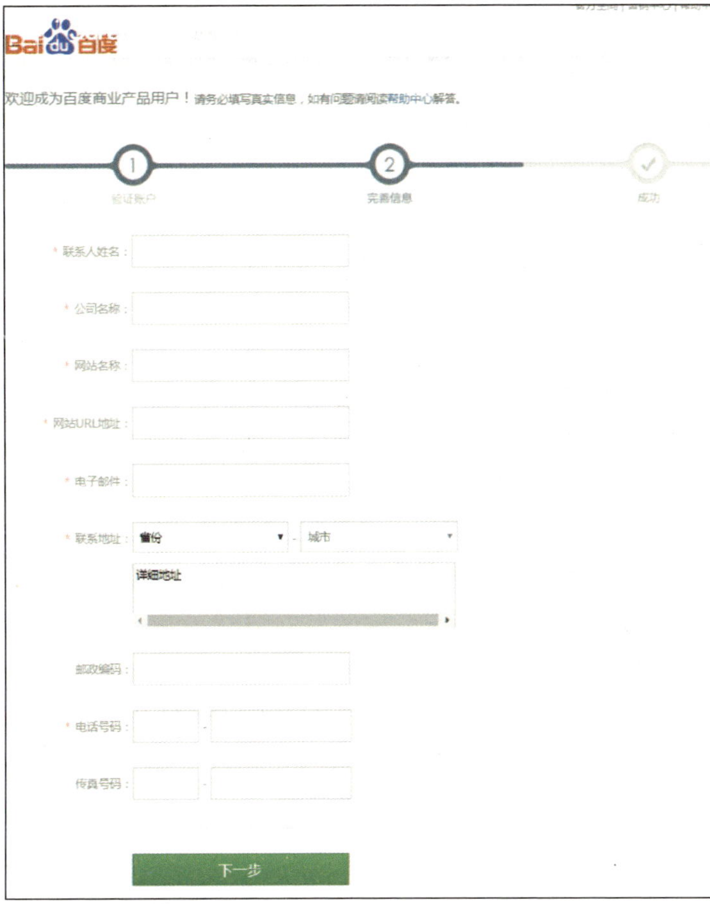

图 7-12　注册百度推广账户(3)

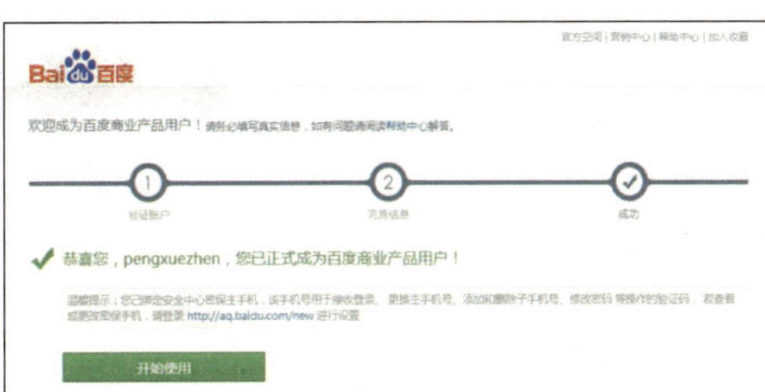

图 7-13　注册百度推广账户(4)

任务二：搜索引擎营销的应用

经常使用搜索引擎的朋友都知道，绝大多数人在使用搜索引擎时，翻到 10 页以后的情况非常少，因此一般 10 页以后的网页基本没有客户点击，也就是说对营销没有任何的促进作用。这时候网络营销者可以采取两种搜索引擎营销的方法来提高自己的站点在搜索结果中的排名：

① 免费 SEO。

② 付费 SEM。

如果采取的搜索引擎营销方法获得了成功，那么在搜索关键词时，所推广的站点就能排在搜索结果前列。这就能极大地促进用户点击，从而取得很好的营销效果。

搜索引擎营销一直在网络营销中占据着举足轻重的地位，是主要的网络营销推广方式之一，因此在网络营销人员中，搜索引擎营销一直备受重视。

一、任务背景

京东是我们较为熟悉的电子商务网站，其一直在搜索引擎营销上注入巨资，并且取得了巨大的成效。如图 7-14 所示。

图 7-14　京东在百度的搜索结果

京东网每年投入数百万费用在搜索引擎领域，积累了非常丰富的搜索引擎营销推广经验，获得了巨大的回报。为了尽量淘汰掉竞争对手，京东付出大量的人力及推广成本，不断地修改和调整几十万关键词的投放。

目前京东主要以品牌广告作为主要的搜索引擎推广模式。这种模式推广形式多样，推广费用昂贵，适用于大品牌客户，既达到了品牌传播，又直接发展了电子商务。

二、知识学堂

（一）搜索引擎营销的常用方法

搜索引擎营销的常用方法主要有以下几种。

1. 免费登录分类目录

这是最常用的一种搜索引擎营销方法之一，可以提高网站的自然排名。只需要将网站尽可能多地登录在主要搜索引擎上。企业想要进行搜索引擎登录，工作人员只需按网站要求填写说明即可。

2. 搜索引擎优化（SEO）

SEO 是企业利用搜索引擎的搜索规则来提高企业网站在有关搜索引擎排名的方式。通过了解各类搜索引擎抓取互联网页面的方式，确定某一特定关键词的搜索结果排名方式等技术来优化网页，提高网站的搜索引擎排名，提高网站点击率和访问量，从而提高销售量。

SEO 关注的几个问题：

①确定主关键词；②设置标题；③使用动静结合的网页；④付费到搜索引擎；⑤拓展链接广度。

3. 百度竞价推广

我们常说的搜索引擎推广，主要以百度竞价推广为主，是指把企业的产品和服务放到搜索引擎平台上做推广，通过购买该种服务，把企业的推广信息率先展示在网民搜索结果页中，可以用少量成本投入获得大量精准的潜在客户。

百度竞价应掌握的技巧有：

① 结构要清晰，应根据不同的目标建立不同的推广计划和推广单元。

② 区域不同价格也就不同，不要把所有关键词都设置一个价格。

③ 搜索页面设置，排名在搜索结果的首页第三、第四位即可，既可降低投入的广告费，又可以让带来的潜在客户更精准。

④ 设置创意标题，吸引客户点击。

4. 百度免费推广

① 百度百科。企业可在百度百科上编辑词条，介绍企业的产品、品牌等信息，名正言顺地打广告。

② 百度知道。灵活运用自问自答，注册不同的账号和 IP 地址用于提问以及回答，但要注意问答时广告意图不能过于明显。

③ 百度图片。企业可以把加有水印的图片上传到某些大型的网站中，等待百度的收录。

④ 百度贴吧。企业可以在贴吧上发布软文，利用贴吧人气聚集的特点与网民开展互动、交友活动，从而达到宣传效果。

（二）搜索引擎营销策略

1. 目标：营销目的和策略

企业在投放广告前，先要明确推广的产品是什么、有什么卖点、广告预算是多少，这样在推广时就能做到有的放矢了。

2. 分析：关键词和历史数据

企业需要关注关键词的动态，筛选出无用关键词，添加新的关键词，留用广告变现率高的关键词。

3. 执行：推广实施及监测

跟踪日常跟踪广告投放的情况，评估推广效果，尽早发现问题、解决问题，保持稳定的广告投放和关键词排名。

4. 优化：数据分析与优化

企业汇总周期数据，生成周期报告，比对推广计划，指出取得的成绩与不足，并提出改进的思路。

三、任务情境

顺科新能源技术股份有限公司生产的充电枪、高压连接器在全国线下有一定的知名度，但是网上缺乏企业产品和品牌的相关信息。顺科营销部李经理了解了京东搜索引擎营销的成功案例后，打算利用搜索引擎增加其企业在网上的知名度，同时提高销售额，进军网络市场，假如你是李经理，你准备怎么着手这件事？

分析：利用搜索引擎进行网络营销最常用的方法主要有：搜索引擎登录和排名、搜索引擎优化、关键词竞价推广、百度免费推广等。

四、任务实施

活动一：利用 SEO 优化工具登录各大搜索引擎

登录各大搜索引擎的方法很多，我们可以逐个搜索引擎去登录，但是工作性质相同，耗时比较多。因此，我们也可以选择利用登录各大搜索引擎的软件——旺道 SEO 软件。这款软件优化了登录功能，包含了绝大部分的搜索引擎登录入口，我们只需要在软件上提交网站，等待搜索引擎审核通过后，网站就可以在搜索引擎上登录查找了。

步骤 1：下载旺道 SEO 软件，解压(图 7-15)。

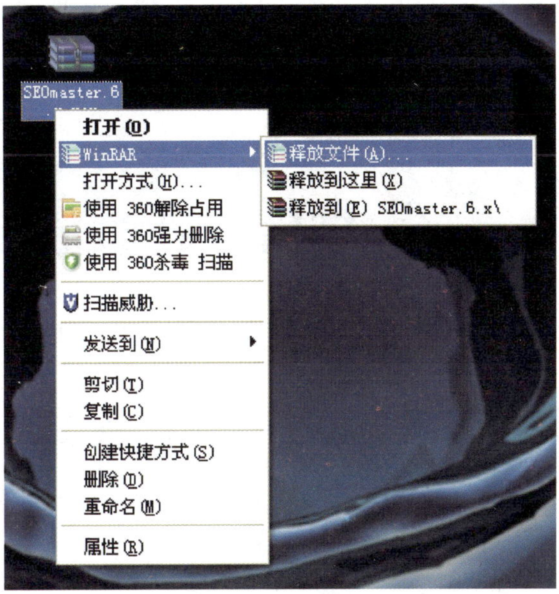

图 7-15 解压文件

步骤 2：打开文件包，选择“旺”文件，然后双击打开(图 7-16)。

图 7-16 双击“旺”

步骤 3：进入窗口(图 7-17)。

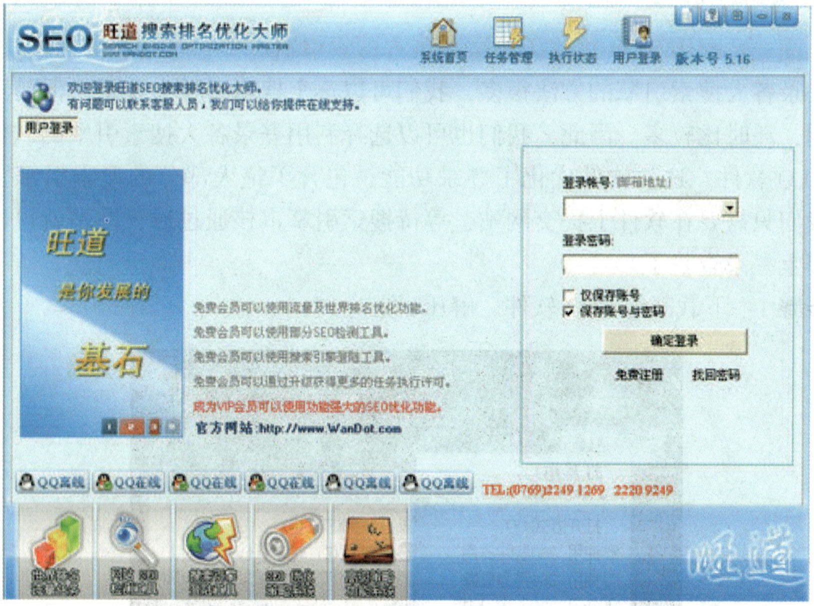

图 7-17 进入窗口

步骤 4：填写资料，免费注册会员(图 7-18)。

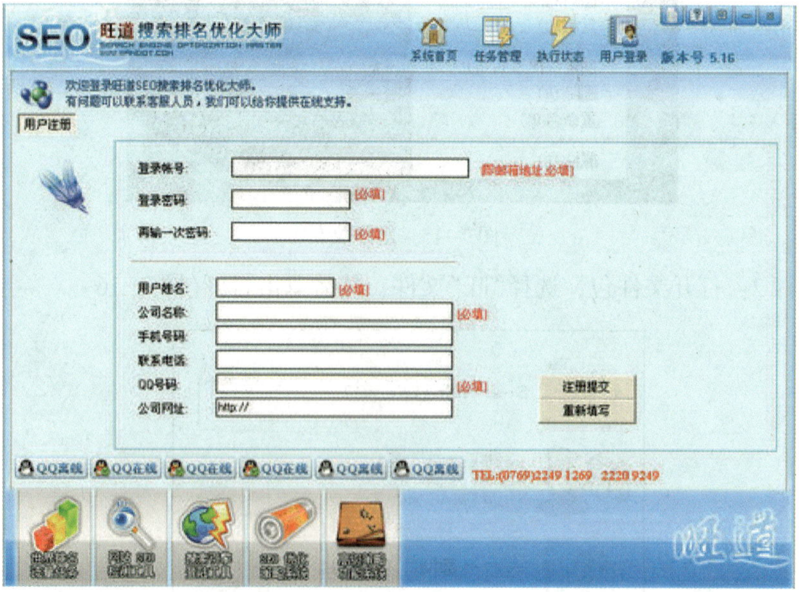

图 7-18 填写资料

步骤5：登录会员界面(图7-19)。

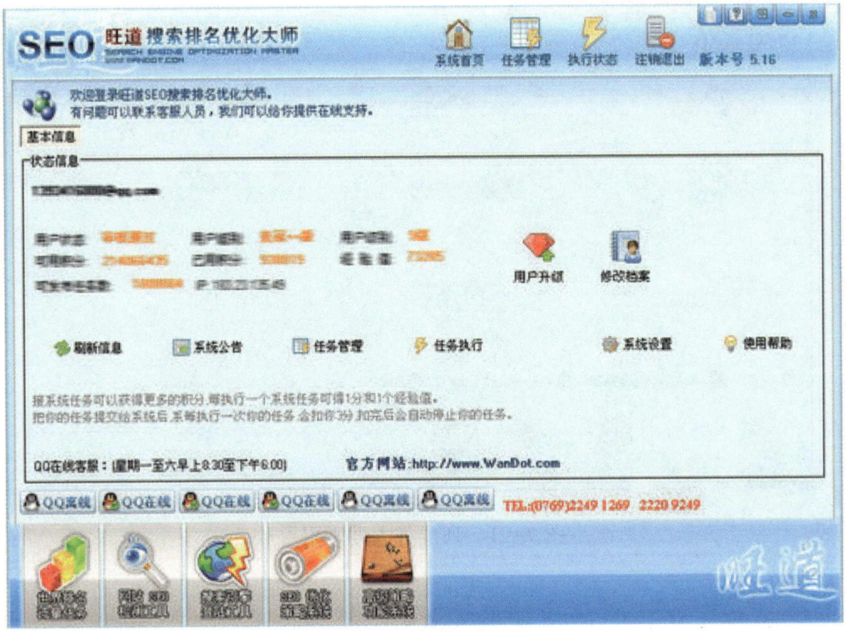

图7-19　登录界面

步骤6：点击“搜索引擎登录工具”(图7-20)。

图7-20　点击“搜索引擎登录工具”

步骤7：列出各大搜索引擎(图7-21)。

步骤8：选择百度搜索引擎。填写网址和验证码，提交网站，等待审核(图7-22)。通过后就可以在百度搜索引擎中找到自己的网站。

步骤9：同样的方法可以快速登录其他搜索引擎。

图 7-21　列出各大搜索引擎

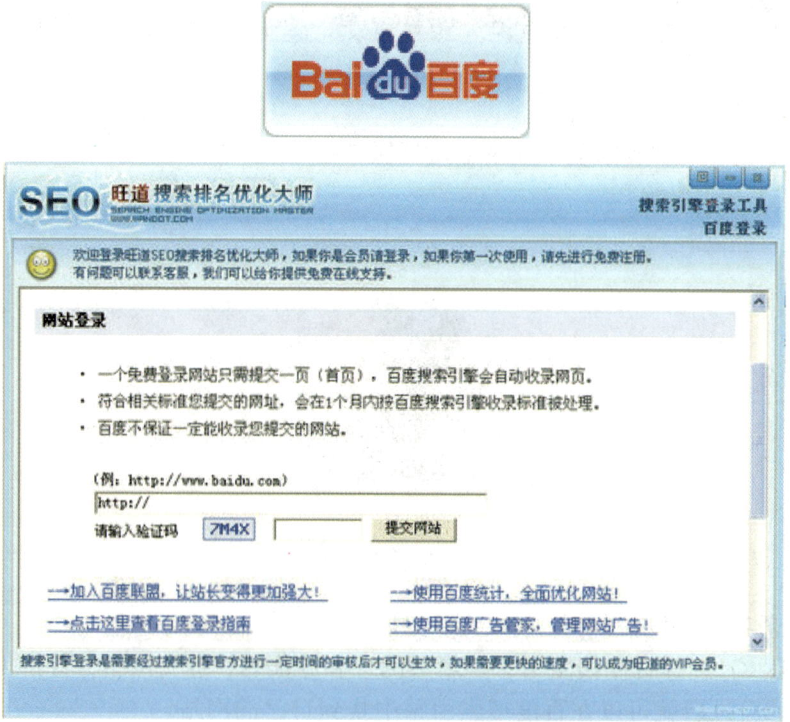

图 7-22　提交网站到百度搜索引擎

活动二：关键词竞价推广

步骤 1：确定公司投放目标______________________________。

【大致有两类目标：一是销售产品，二是打响品牌。前者重点在于把促销、优惠、活动等信息进行宣传推广，后者重点在于把企业的理念、品质、服务等传递给目标客户。】

步骤 2：整理关键词。

【合理的选词方案可以分为四个步骤：寻找核心词、扩展关键词、筛选关键词、关键词分组。】

（1）寻找核心词。方法：①问企业；②看网站；③搜百度；④用工具。

品牌词	产品词	通用词	人群词	竞品词	活动词

（2）扩展关键词。方法：①利用百度推广的关键词规划师；②词组组合；③搜索词报告。

业务类型	业务方向	核心词	后　缀

质地、特点、功能+	核心词	+培训、售后等	
应用领域、地域名称+		+公司、中心等	
品牌名称、通用型号+		+价钱、口碑等	
产地(进口、国产)+		+网民搜索意图	

（3）筛选关键词。根据关键词类型、关键词数据指标、预算筛选。

(4) 关键词分组。

品牌词	+主词类	
	+网站类	
	+公司类	
	+功能类	
	+价格类	
	+口碑类	

产品词	+主词类	
	+网站类	
	+公司类	
	+功能类	
	+价格类	
	+口碑类	

步骤3：添加优质创意。

整理完关键词后，需要依据关键词分组情况在账户中制定好推广计划，创建推广的单元，然后把相应组内的关键词添加到单元中，最后还需要在单元里添加创意。

(1) 撰写标题

要有以下注意事项：

第1：标题字符限制50个，因此最多只能添加25个汉字，建议15~20个汉字。

第2：注意断句，每一断句5~8个字为宜。

第3：加入品牌与公司名称，一次即可，目的是加强品牌曝光度。

第4：应至少有一个通配符，增加关键词的质量度。

第5：投其所好。可在标题中添加以下词语，吸引网民注意力：

① 促销字眼，如“免费”“送”“折扣”等。

② 带有行动色彩的动词，如“申请”“报名”“咨询”“拨打”等。

③ 营造紧迫感的词语，如“立即”“马上”“现在”等。

但要注意不能出现过分夸张的词语，不要有“最”“第一”“百分之百”“全国”等词汇。

第6：利用标点符号的特点吸引网民注意，有助于提升点击率(图7-23)。

图 7-23　普通创意与加标点符号后的创意效果对比

（2）撰写创意内容

可以利用以下技巧提升创意的吸引力：

◇ 强调企业产品和服务的优势和卖点。

◇ 信息要具体可操作可量化等。

◇ 尽量使用短句。

◇ 利用折扣、优惠信息、活动等吸引眼球。

◇ 适当的号召性语言。

◇ 需要数量的地方使用阿拉伯数字。

◇ 用上经典的成功案例以及权威证明。

◇ 创作多套不同形式的广告语。

◇ 要包含核心关键词。

◇ 可以写上电话号码。

利用以上所学技巧，撰写若干条创意：

1	标题	
	内容	
2	标题	
	内容	
3	标题	
	内容	
4	标题	
	内容	
5	标题	
	内容	

步骤 4：确定好关键词，撰写好创意后，即可在百度推广账户上进行关键词竞价推广。

活动三：百度百科推广

创建企业百度百科词条的操作步骤如下：

【方法一：极速创建】

步骤1：可以直接在百度找到企业百科进行快速创建，只需填写几个简单的内容就能完成创建(图7-24)。

图7-24 创建企业百科(1)

步骤2：选择快速创建，也可以常规创建。因为快速创建不需要填写太多的内容，相对比较容易通过审核，我们这里建议选择快速创建(图7-25)。

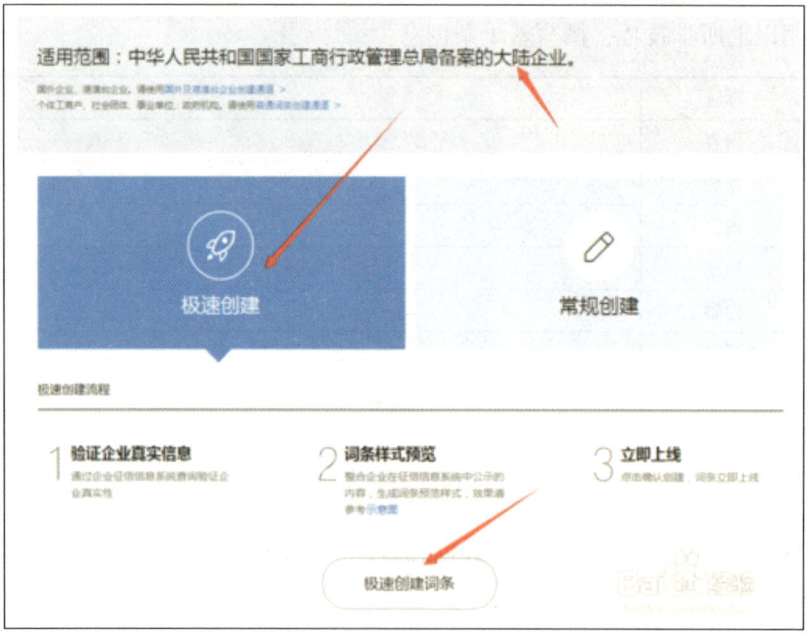

图7-25 创建企业百科(2)

步骤 3：填写企业名称和企业机构代码，点击“验证”，进入下一步(图 7-26)。

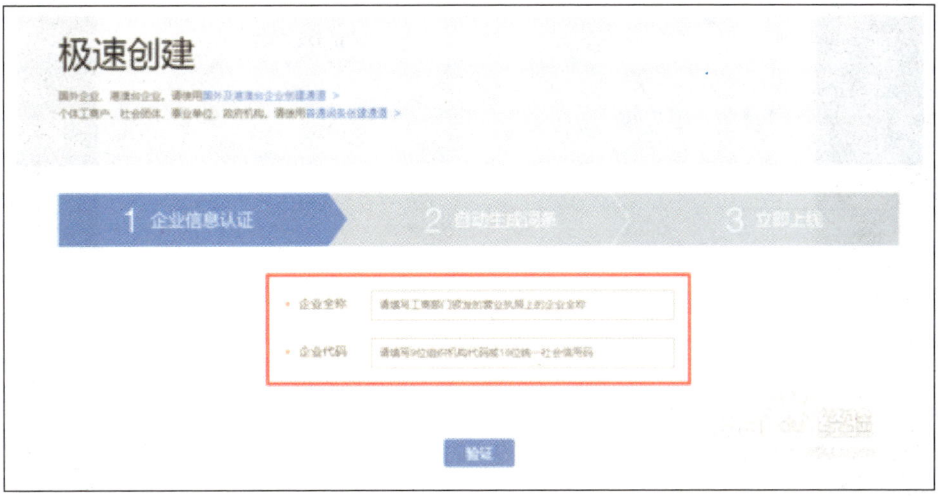

图 7-26　创建企业百科(3)

步骤 4：进行词条编辑，需要完成四个板块的填写，包括概述、基本信息栏、正文、参考资料，真实客观地根据自己公司的注册资料来填即可(图 7-27，图 7-28)。

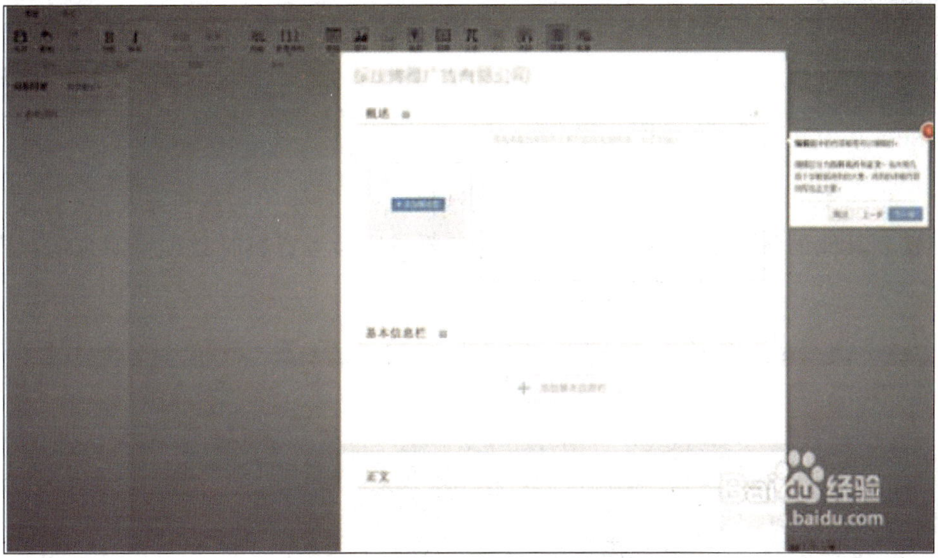

图 7-27　创建企业百科(4)

图 7-28　创建企业百科(5)

步骤 5：利用工具栏进行编辑。需要划分章节时使用一级目录/二级目录；链接到其他词条时使用内链；添加的内容要借用参考资料时必须指明来源(图 7-29)。

图 7-29　创建企业百科(6)

步骤6：词条目录，目录区展现词条的目录结构，你也可以在这里调整目录(图7-30)。

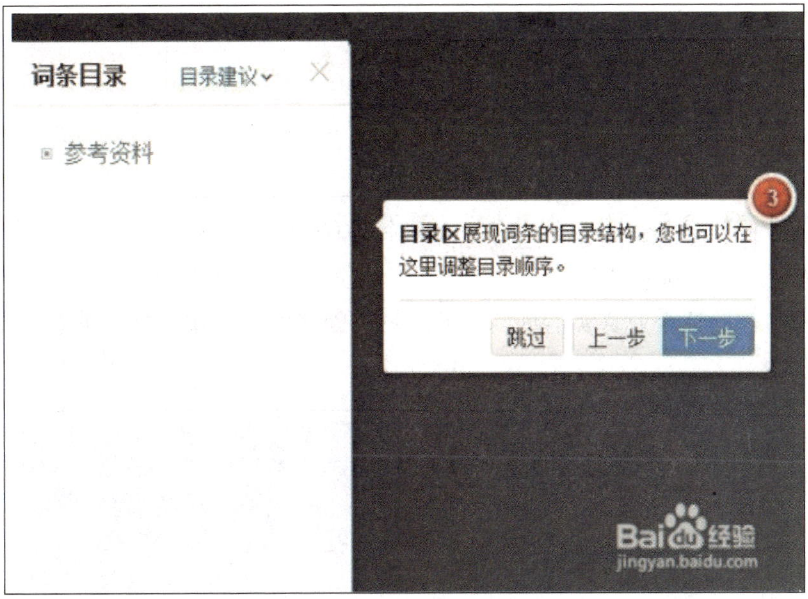

图7-30 创建企业百科(7)

步骤7：编辑帮助，提示区可以协助你完善词条内容。内容检查会提示内容中的问题和解决办法；编辑帮助会提示编写规则(图7-31)。

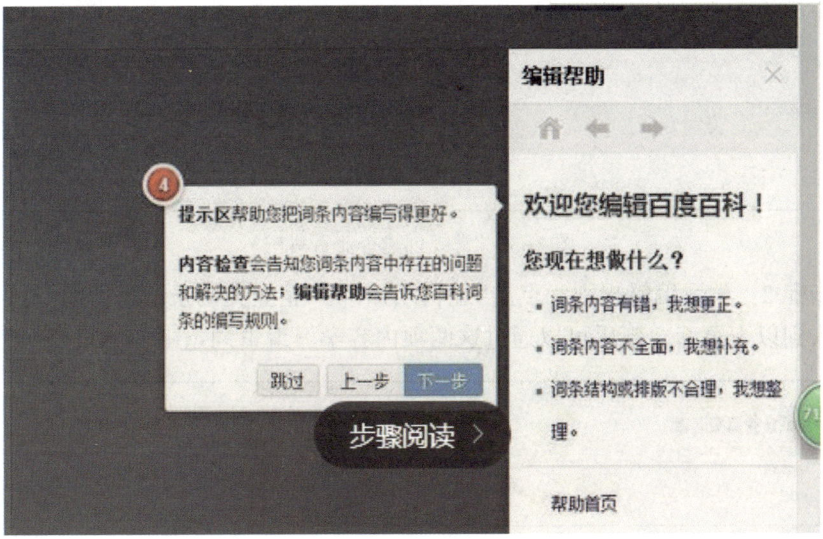

图7-31 创建企业百科(8)

步骤 8：编辑完毕，点击“预览”可以查看效果，确认后点击“提交”(图 7-32)。

图 7-32　创建企业百科(9)

【方法二：常规创建】

步骤 1：验证企业真实信息，这里跟极速创建的第一步一样，务必真实填写(图 7-33)。

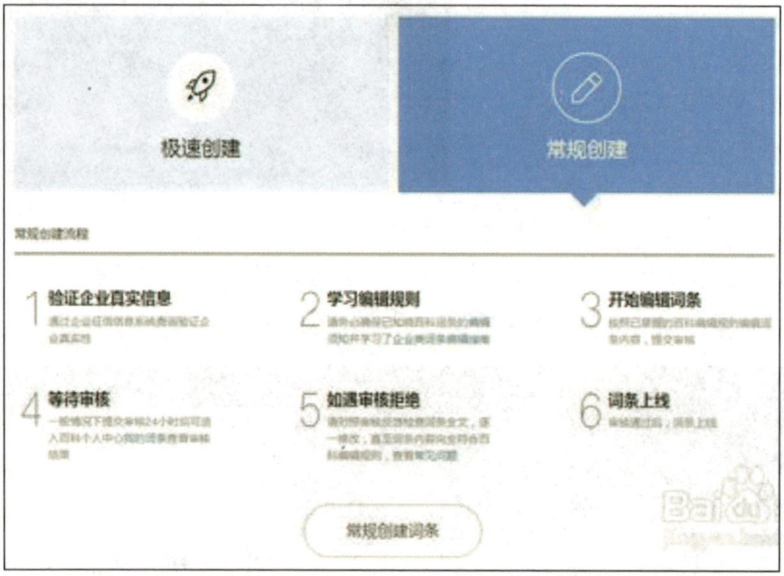

图 7-33　常规创建企业百科(1)

步骤 2：学习编辑规则，点击“编辑须知”与“企业类词条编辑指南”这两项分别进入到以下页面，新手可以通过这两项内容学习编辑词条(图 7-34)。

图 7-34　常规创建企业百科(2)

步骤3：开始编辑词条，这里跟上边提到的急速创建中的创建步骤一样，这里不做过多解释。

步骤4：等待审核。一般情况下提交审核24小时后可进入百科个人中心我的词条查看审核结果。

学习检测

一、知识检测

（一）单选题

1. 百度搜索推广的付费形式是（　　）。

A. 按展现付费　B. 按点击付费　C. 按成交付费　D. 按时间付费

2. 关于百度品牌专区说法错误的是（　　）。

A. 按时间收费　B. 全国范围推广，24小时占据首位

C. 适合品牌有一定影响力的企业　D. 价格相对较低

3. 创意标题字符限制为（　　）个字符。

A. 30　B. 40　C. 50　D. 60

4. 以下哪项是需要付费的搜索引擎营销方式（　　）

A. 登录各大搜索引擎　B. 关键词竞价推广

C. 搜索引擎优化　D. 创建百度百科词条

5. 关于百度竞价应掌握的技巧，哪个是正确的说法（　　）

A. 区域不同价格也相同

B. 尽量让竞价排名在第一位

C. 应该设计有创意的标题，吸引客户点击

D. 建立相同的推广计划和推广单元便于管理

（二）多选题

1. 搜索引擎营销主要包括（　　）

A. SEO　B. SEM　C. CRM　D. E-Marketing

2. 常见百度付费推广方式有（　　）

A. 百度搜索推广　B. 百度品牌专区　C. 百度闪投推广　D. 百度网盟推广

3. 企业的营销目标主要分为（　　）

A. 处理公关　B. 卖产品　C. 留住客户　D. 打品牌

4. 关于撰写创意的说法，正确的有（　　）

A. 内容突出产品，服务特点，公司优势

B. 包含信息越具体越好，避免无实质意义的形容语句

C. 多使用长句

D. 广告中多出现折扣及优惠信息、活动等

5. 百度免费推广方式有(　　)

A. 百度百科　　B. 百度知道　　C. 百度图片　　D. 百度贴吧

(三) 简答题

1. 搜索引擎营销有哪些优势?

2. 搜索引擎营销的常用方法有哪些?

3. 百度竞价应掌握的技巧有哪些?

(四) 实训题

假如你是我校增城区东方职业技术学校的宣传人员，学校准备招生，需要提高知名度，请利用不少于2种方式进行搜索引擎营销。

二、学习评价

项　目	自评30%	小组评30%	教师评40%	总　分
1. 能够说出搜索引擎营销的概念				
2. 能够说出搜索引擎营销的优势				
3. 能够说出搜索引擎营销的常用方式				
4. 能够对网站进行简单的搜索引擎优化				
5. 能够熟练掌握整理关键词的常用技巧				
6. 能够撰写优质创意				
7. 能够利用搜索引擎进行竞价推广				
8. 能够利用搜索引擎进行免费推广				

项目八　其他营销推广

项目导学

如今的网络技术迅速发展，市场营销的理念和实践得到不断的探索和发展。在信息网络时代，特别是互联网经济时代，论坛、E-mail、QQ等工具仍然得到广泛的应用，对人们的生活起着重大作用。本项目将围绕论坛、E-mail、QQ的基本概念、特点，着重介绍它们的网络营销推广应用。

通过对本项目的学习，可以学习到论坛、E-mail、QQ的概念、特点，并掌握常见的论坛、E-mail、QQ推广方法。

项目目标

知识目标： 1. 学习论坛、E-mail、QQ的概念，列举它们的特点、作用或者优势；

2. 能够说出论坛、E-mail、QQ的推广步骤。

技能目标： 1. 能够设计出论坛、E-mail、QQ的推广活动；

2. 能够通过推广活动的结果修改推广活动方案。

情感目标： 体验论坛、E-mail、QQ网络工具的影响力，感受小组学习的乐趣和成就感，形成良好的学习态度。为未来职业规划做好专业技能的准备，在职业技能培养方面加强对知识的理解和运用。

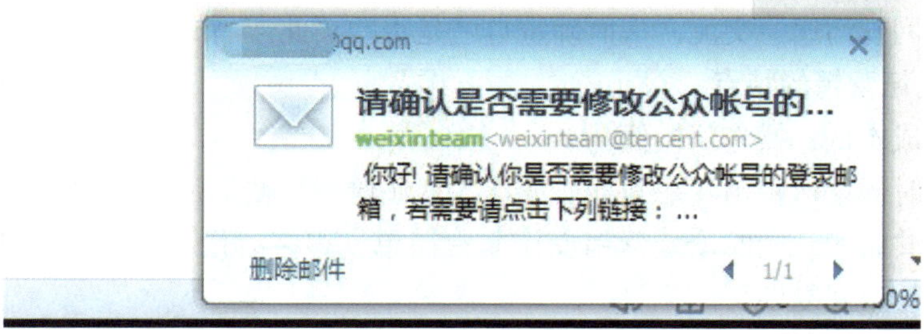

任务一：认识论坛、电子邮件、QQ 营销

论坛、电子邮件和 QQ 是人们生活中常用的服务和工具，在网络营销中得到广泛的应用。现在我们先来认识什么是论坛、电子邮件和 QQ 营销。

一、任务背景

在淘宝论坛有这样一个帖子《为了淘宝，老婆辞了 IBM!》这个帖子的主人是淘宝五钻卖家，经营药妆的。严格讲，应该是男女两个主人，男主人主要是写帖子，偶尔帮忙打理店铺，女主人是真正打理淘宝店铺的。帖子讲述的是他们药妆店铺的整个淘宝成长历程，内容相当丰富，从做淘宝买家讲起，然后辞职 IBM 工作，走上淘宝药妆经营路；从一钻发展为五钻，从一个很小的店铺，发展为现在拥有二十多万库存、较有规模的淘宝五钻店铺，在淘宝药妆行业内位居前列。

如果说它是淘宝史上的最强帖，可能有些过分了，但它确实是一个非常出色的帖子。说它出色是因为此帖内容先后更新过几十次，字数过万，回帖量超过两千，浏览量接近五万，在不同时段都上过淘宝首页，也上过淘宝论坛首页。在给淘友分享网店创业历程的同时，也大大增加了帖子主人在淘宝论坛的曝光率，从而收到了很好的论坛营销效果。

二、知识学堂

（一）论坛营销

1. 论坛营销的含义

论坛营销(BBS Marketing)，就是企业利用论坛这种网络交流的平台，通过文字、图片、视频等方式发布企业的产品和服务信息，从而让目标客户更加深刻地了解企业的产品和服务，最终达到宣传企业的品牌、加深市场认知度的网络营销的行为。

随着互联网的发展，众多的消费者越来越倾向于通过网络获知自己所需要的信息，通过浏览论坛来查看自己所中意的产品(企业)在用户中的反馈信息，通过论坛与网友沟通、交流，从而确定自己是否购买此产品。

2. 论坛营销的特点

(1) 成本低，操作门槛低

很多时候论坛营销几乎不需要成本，从注册到发帖都是免费的，论坛的低投入是有目共睹的。同时论坛营销操作非常简单，很多时候只需要注册论坛账号、发帖、顶帖、回复即可。

(2) 口碑宣传比例高，性价比高

论坛作为 Web 2.0 的典型代表，论坛内的所有内容都是由用户的言论产生的。利用论坛的超高人气，可以有效为企业提供营销传播服务，通过发帖营销能够把消息在第一时间内发布出去，并且清晰地展示到网民面前，停留时间自己控制，推广的信息能够让所关注的群体仔细浏览并了解。

(3) 目标针对性强，精确性强

论坛营销可以作为普遍宣传活动手段使用，也可以针对特定目标组织、特殊人群进行重点宣传。论坛中有很多分类，可以在数码板块放置电子产品，在女性板块推销减肥产品等，每一个板块都有特定的人群，企业只要把软文放置在正确的板块中，目标人群就很容易获取。

(4) 覆盖面广，适用范围广

一次发帖可以把消息发布到上万个网站上，最大效率地增加关注群体。不管是什么样的产品，大部分企业都会利用论坛推广，几乎都选择热门论坛，在其中找到目标用户集中的论坛版块发布信息。

(5) 营销氛围好，效果好

论坛最大的特点是互动，一个好的论坛，里面的交流氛围会非常深厚，用户之间的交流深度与感情也会很深。在这种氛围深厚的论坛做宣传，能够达到很好的深度。而且由于论坛用户之间信任感强，所以我们的信息更容易被大家接受，容易激起用户的认同，在心理上引起共鸣。

(二) 电子邮件营销

电子邮件(Electronic Mail，E-mail)是 Internet 上的重要信息服务方式。普通邮件通过邮局、邮差送到用户的手上，而 E-mail 则是以电子的格式(如 Microsoft Word 文档、txt 文件等)通过互联网为世界各地的 Internet 用户提供了一种极为快速、简单和经济的通信和交换信息的方法。

按照是否经过用户许可分为许可 E-mail 营销和未经许可的 E-mail 营销。许可 E-mail 营销就是用户事先允许营销公司给他发送相关方面信息的电子邮件，它都是基于用户许可的。未经许可的 E-mail 营销就是通常所说的垃圾邮件，它是未经过收信人的许可向他发送电子邮件。未许可电子邮件营销又可以分成垃圾电子邮件和一般的商业电子邮件。我们这里所说的 E-mail 营销通常是指许可的 E-mail 营销。

E-mail 营销就是借助电子邮件进行的营销，主要指把文件、HTML 或多媒体信息发送到用户的电子邮箱中，以达到营销的目的。

E-mail 营销的主要目标包括以下几点。

① 树立品牌认知、识别。
② 巩固企业的市场定位。
③ 维系现有客户(及销售量)并进一步挖掘其潜力。
④ 保持或建立客户的满意度以及积极主动的客户往来互动关系。
⑤ 收集数据。
⑥ 细化客户分类。
⑦ 发现未来的潜在客户。
⑧ 挖掘客户群的消费潜力、赢得新客户。

(三) QQ 营销

1. QQ 营销的含义

QQ 营销是在 QQ 即时通信的平台基础上，专为企业用户量身定制的在线客服与营销平台。它基于 QQ 海量用户平台，致力于搭建客户与企业之间的沟通桥梁，充分满足企业客服稳定、安全、快捷的工作需求，为企业实现客户服务和客户关系管理提供解决方案。

2. QQ 营销的形式

QQ 营销的形式主要有头像、昵称、个性签名、QQ 相册、QQ 空间、QQ 群、群公告、群相册、群聊天、群名片等。

3. QQ 营销的作用

QQ 营销能够实现及时的面对面的交流，及时反馈和回答交流者双方的问题和答案。在交流中增进买卖双方成功的几率，因此成为现在流行的一种营销手段，也是目前应用最广泛的营销方法之一。

三、任务情境

张欣是一个刚毕业的大学生，主管交给她一个任务，就是为公司的新产品进行网络推广，让她选取合适的网络营销平台或工具进行推广。可是张欣对网络平台和网络工具的运用很少，她知道常见的有论坛发帖、电子邮件广告和 QQ 的推广，具体是怎样的并不清楚，你能帮帮她吗?

分析：要帮助张欣，首先应了解什么是论坛、电子邮件、QQ 营销，熟悉这三种方法的概念和特点。

四、任务实施

活动一：认识论坛网站

① 上网了解常见的论坛网站，并列举它们的主要特点，填入下面的表格。

论坛名称	论坛网址	论坛的类型	论坛的主要特点

② 选择你比较喜欢的一个论坛，如(百度贴吧)，注册账号，并登录该论坛，了解论坛里面的内容，完成下面表格内容。

论坛名称	
论坛网址	
论坛内容分类	
你感兴趣的内容	

活动二：认识 E-mail

电子邮箱因其强大的实用性和便捷性，已经成为一种被越来越多人所依赖的信息接收方式，其营销方面的价值也愈加显现。下面我们来订阅京东商城促销邮件。步骤如下：

① 浏览京东商城主页

② 注册成为京东商城会员

③ 浏览“我的京东”

④ 订阅促销邮件

⑤ 浏览“神秘促销”

活动三：认识 QQ

注册 QQ 账号并登录，了解 QQ 面板上包含的内容和作用，填入下面表格。

QQ 包含的内容	作　　用
个人信息	
个性签名	
QQ 空间	
QQ 群	
QQ 音乐	
……	

任务二：论坛、电子邮件、QQ营销

随着网络化席卷全球，从市场本身到商家以及消费者每天都能感受到网络带来的变化，网络论坛营销也因此应运而生，并且因其独有的特点正在成为现代营销市场的主流，无论营销环境还是营销方法都是一个转换过程。论坛营销的产生为传统营销模式注入了一股新鲜血液，特别是为企业营销者开辟了一种新的营销思路。

E-mail 营销是在用户事先许可的前提下，通过电子邮件的方式向目标用户传递有价值信息的一种网络营销手段。基于用户许可的 E-mail 营销与滥发邮件(Spam)不同，许可营销比传统的推广方式或未经许可的 E-mail 营销具有明显的优势，比如可以减少广告对用户的滋扰、增加潜在客户定位的准确度、增强与客户的关系、提高品牌忠诚度等。

QQ 现在是中国网民使用较多的即时通信工具，QQ 在中国比较其他的交流工具有更多的使用者，因此很多公司在做营销时会考虑将 QQ 营销作为主要手段。QQ 营销形式主要有群公告、群相册、群聊天、群名片、群邮件、新人报到、群动态、群社区、群共享、群活动等。

一、任务背景

"新江南"是一家旅游公司，为了在"五一"黄金周之前进行旅游项目促销，公司营销人员计划将网络营销作为一项主要的促销手段，并将电子邮件营销作为企业网络营销的重点策略之一。本次营销活动的目的主要是品牌宣传，并为传统渠道的销售提供支持。

公司网站已经建立有两年多的时间了，但是网站的功能比较简单。网站上有一个会员社区，由于疏于管理，已经有半年多的时间没有向会员发送过信息了。因此，公司内部的营销资源非常有限，需要借助于专业服务商来发送电子邮件广告。在多家可提供电子邮件营销服务的网站中，"新江南"最终选择了新浪上海网站，该网站有一份关于上海市白领生活的电子周刊，订户数量超过 30 万个，这份电子刊物将作为本次电子邮件营销的主要信息传递载体。

为了确保此次活动取得理想的效果，公司计划将从 2004 年 3 月 26 日开始连续四周进行电子邮件营销信息投放，发送时间定为每周三，前两次以企业形象宣传为主，后两次针对公司新增旅游路线进行推广。接下来该公司市场人员的主要任务是设计电子邮件广告的内容，针对内部列表和外部列表分别操作，并且每个星期的内容都有所不同。

电子邮件营销活动结束后，当网络营销人员分析每个月的公司网站流量时吃惊地发现，在进行电子邮件营销期间，公司网站的日平均访问量比上个月增加了3倍多，日均独立用户数量超过了1 000人，而在此之前公司网站平均独立用户数量通常不到300人，尤其在发送邮件的次日和第三日，网站访问量的增加比较明显，日独立用户数量的最高纪录达到了1500多人。

二、知识学堂

（一）论坛营销的类型

论坛营销根据采用的论坛平台，可划分为企业自建论坛营销和第三方论坛营销两种类型。

企业自建论坛指的是企业专门以企业品牌设立论坛，推广产品或者服务新老客户，设专人管理论坛，进行长期运营 .

第三方论坛营销指的是企业借助互联网中有一定知名度的论坛平台，在论坛中申请多个账号，通过在与企业品牌产品营销目标相关的论坛板块发帖、跟帖问答等操作实现企业品牌的树立、产品的网络营销。

论坛营销根据在实务中采取的方法和手段，分为论坛推广和论坛炒作两种类型。论坛推广通常只是简单地发外链或发广告帖，一个人就可以操作，没有计划性与策略性，主要注重的是执行。论坛炒作是经过周密而复杂的策划，为了达到某种营销目的而进行的一系列行为，往往需要团队协作才能完成。论坛炒作是论坛推广的升级版，注重的是策略。

（二）电子邮件营销形式和优势

1. E-mail 营销的基本形式

内部列表 E-mail 营销和外部列表 E-mail 营销在操作方法上有明显的区别，但都必须满足 E-mail 营销所具有的 3 个基本因素：基于用户许可、通过电子邮件传递信息以及信息对用户是有价值的。内部列表和外部列表各有优势，两者并不互相矛盾，如果必要，有时可以同时采用。

2. E-mail 营销的优势

利用 E-mail 营销比电话推销、邮寄信件等传统的营销方法具有以下优势。

① E-mail 价格便宜，这也是 E-mail 营销的最大优势。E-mail 不需要企业付昂贵的长途电话费用和邮寄产品宣传资料的邮资，特别是在进行国际贸易时，这一点显得更加突出。

② E-mail 传递速度快、操作方便。通过互联网，E-mail 可以在很短的时间内送达目的地。本地和外地，甚至国外都一样快捷。

③ E-mail 具有多媒体的特性。E-mail 不但有文字和图片，还可以包含声音、动画和电影等方面的内容。

④ 发展潜力巨大。E-mail 是建立在 Internet 基础上的，随着 Internet 的迅猛发展，不难想象这种营销方式的巨大潜力。

3. E-mail 营销的注意事项

① 获得“积极赞同”；

② 加深个性化服务；

③ 了解许可的水平；

④ 开展提醒服务；

⑤ 扩展鼓动性的应用；

⑥ 采用交叉品牌/交叉商业计划；

⑦ 投资的绩效评价和回报；

⑧ 改进“频率”管理。

（三）QQ 营销的基本技巧

QQ 营销非常精准，能够跟对方一对一交谈，这是网络推广少有的精准营销，还能增加用户的黏性。

1. 途径

添加 QQ 好友和 QQ 群；开通 QQ 空间、微博、邮箱等；开通 QQ 会员。

2. Q 聊技巧

当一个人信任你了，那自然你们也就有了沟通。因此沟通和交流会让你的人气和名气上来，也会增加他们对你的黏性。但是交流过程要注意：语气助词别乱发；称呼别乱用；聊天打字的速度要适中；沟通时机要找准。聊天时要注意真实，注意礼貌用语和学会换位思考。

3. 做法

（1）群发自己的 QQ 好友

读入自己 QQ 好友，专门实现对好友的信息发送。当然这种推广不能发一些垃圾信息，毕竟是自己的好友，可以发一些软文之类的，效果比较理想。

（2）群发所有在线 QQ

QQ 营销不需要将用户添加到 QQ 好友列表，直接发送信息，迅速地将你的广告信息发送到所有在线的 QQ 用户。所发送的内容完全由用户指定，可以发送你的产品宣传、供求信息，甚至是你的网址。当然也可以发一些杂七杂八的推广信息。

(3) QQ 群群发

加入 N 多个群，你可以申请几个 QQ 号专门加群。注意，在 QQ 群里不要单纯的发“欢迎访问某某网站”之类的广告，而应该注意技巧，你可以选你网站的几篇好文章，把文章标题和访问地址发到群里。还有，在 QQ 群里发消息，要把握好时间，要选在上网高峰时发，这样效果才好。如早上 10：30~11：30，下午 3：30~5：00，晚上 8：30~9：30 才是最好时机，此时在线人数最多。

(4) QQ 群聊

每天抽一定时间在群里活跃，就像我们刚开始接触 SEO 加相关群进去学习，每天与群里的人搞好关系，甚至弄个管理员做做，提高一定知名度，偶尔带上自己推广信息，帮别人解决问题之类。

三、任务情境

现在张欣已经了解什么是论坛、电子邮件、QQ 营销，并且熟悉这三种方法的概念和特点。张欣需根据论坛、电子邮件和 QQ 的营销特点，把新产品通过这三种方法进行营销推广。

分析：论坛营销主要发挥论坛的互动性，产生传播的连锁反应；E-mail 营销最关心的问题是：许可 E-mail 营销是怎么实现的；QQ 营销属于 IM 营销，运用现有的网络通信工具实现的及时的实时信息交流和收发从而产生效益的一种销售手段。

四、任务实施

(一) 论坛营销

要对新产品进行推广，首先要对营销的目的、产品、目标客户群体等做分析，再寻找做推广的目标论坛。每个论坛都有它的发展方向和定位，选择论坛要将论坛的主要用户群体与自己所推广的产品和服务相结合，根据营销方向的定位研究在所选择论坛上发布信息是否具有价值，要确定选择的论坛是否与推广的行业或产品有关，论坛中的会员是否会对产品和发布的内容产生兴趣，如果不做分析就随意发布内容是没有多少效果的。在选取了目标论坛后，要熟悉论坛。完成账号注册后，接下来要开始熟悉论坛。可以先通过积极地在论坛上参与讨论、发表意见和看法，以及留意其他会员的动态情况，当发现其他会员有问题和困难的时候，积极提供帮助，会在论坛会员的心目中建立起权威的形象，建立了权威性，再推广产品和服务，其可信度就可大大提高。

下面我们以百度贴吧为例简单介绍论坛营销的推广步骤。步骤如下：

① 注册一个百度贴吧账号。

② 浏览并熟悉百度贴吧里的内容，积极参与论坛讨论，发表意见和看法，并留意其他会员动态情况，与他们积极互动。

③ 找到你想要发帖的分类，如“娱乐明星”“追剧狂”“生活家”等，再在你选择的分类下面，选择你想进入的主题，如“生活家”下面的“旅行”，点击“旅行”进入，再选择页面里的其中一个贴吧进去，如“驴友吧”，再点击发帖按钮 ，进入帖子编辑页面。

④ 在帖子编辑页面完善帖子内容，标题可以加上一些比较醒目的符号，让大家更容易注意到这些帖子，另外，帖子中可以加入插图，帖子编辑完毕，点击“发表”帖子发布成功(图 8-1)。

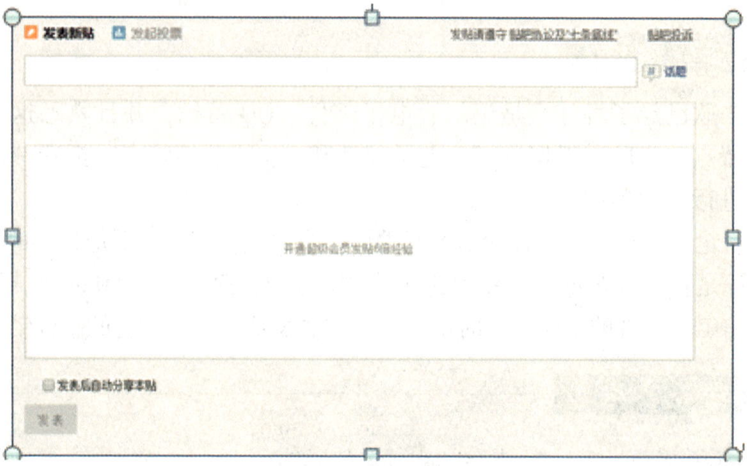

图 8-1　发布帖子

⑤ 帖子发布成功后，我们也要经常回来跟大家以回帖的形式多做交流，多顶帖子，增加帖子人气。

⑥ 通过观察帖子的流量和数据分析来判断帖子带来的效果，多次反复尝试，最终找到最适合的发帖内容及论坛版块。

(二) E-mail 营销

根据 iResearch 艾瑞市场咨询，Harte-Hanks Postfuture 对美国电子邮件营销的监测数据发现，饭店/餐饮行业和发行行业的营销电子邮件在 2006 年上半年拥有最高的点击通过率，分别达到了 57.5%和 55.6%。其他热点行业如医药行业和旅行/酒店行业也通过电子邮件获得了 2.38%和 23.4%的营销邮件点击通过率(图 8-2)。

要对新产品进行推广，必须得到你要发送邮件的用户的允许，不然就会变成垃圾邮件。开展 E-mail 营销需要解决的基本问题是向哪些用户发送电子邮件，发

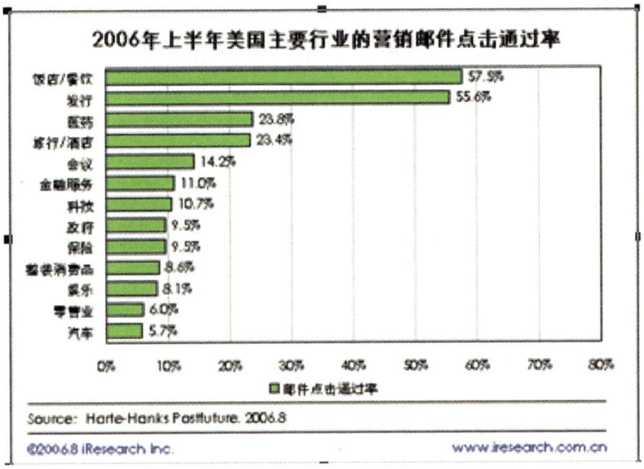

图 8-2　2006 年上半年美国主要行业的营销邮件点击通过率

送什么内容的电子邮件，以及如何发送这些邮件。其实，企业开展 E-mail 营销的过程，也就是将有关营销信息通过 E-mail 的方式传递给用户的过程。邮件营销的推广步骤如下所示：

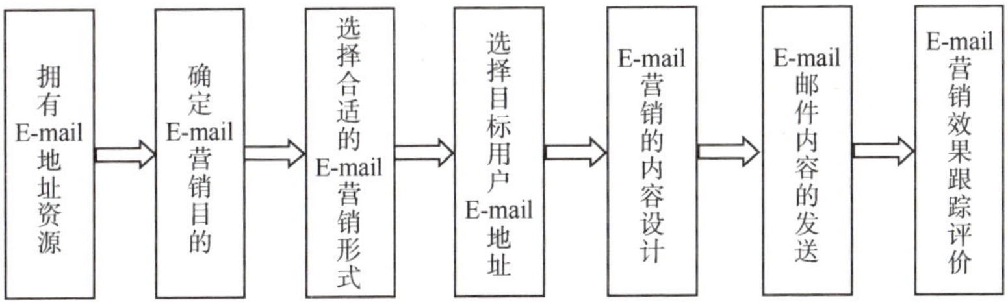

下面我们以网易邮箱为例简单介绍 E-mail 的推广步骤。步骤如下：

① 首先得自己拥有一个 E-mail 地址。在网易网址上申请免费邮箱（图 8-3，图 8-4）。

图 8-3　注册网易免费邮箱

图 8-4　邮箱注册成功

② 确定 E-mail 营销的目的。例如为新产品进行推广。现假设你要为公司新产品(一款新式情侣手链)进行推广，为即将到来的七夕主打款情侣手链，请你为张欣制定 E-mail 营销的目的。

③ 选择合适的 E-mail 营销形式。请你设计主打款情侣手链的 E-mail 营销形式。

④ 选择目标用户的 E-mail 地址。你考虑到这款手链很适合在校学生，因此主要把目光放在在校生，写出你收集 E-mail 地址的方法。

⑤ E-mail 营销内容的设计。根据在校学生喜欢新潮、浪漫、唯美的特点，设计出这款情侣手链的 E-mail 营销内容。将设计的内容粘贴在下面方框。

⑥ E-mail 邮件内容的发送。将你设计的 E-mail 邮件推广内容发送给你收集到的邮箱用户(图 8-5)。

图 8-5　发送邮件内容

⑦ E-mail 营销效果跟踪评价。收集收到邮件的用户情况，根据反馈结果进行跟踪评价，修改营销方案。

（三）QQ 营销

QQ 营销的形式多样化，比较常见的有个性签名营销、QQ 空间营销、QQ 群营销等，下面我们就来了解这几种营销技巧。

1. 个性签名营销

QQ 签名可以把信息有效地传达给该 QQ 所有的好友用户。如果设置了同步更新到 QQ 空间，那么这些信息都能在好友浏览自己空间时看到，既简单又醒目。

方法一：在 QQ 的个性签名中，把自己想要推广的网站网址或商品标志放在后面，可以起到宣传推广作用，让自己的朋友甚至更多人看见。

做一做：把你的淘宝店铺通过 QQ 个性签名进行营销。把设置后的个性签名截图放在下面的方框中。

方法二：可以把 QQ 个性签名设置成祝福语或广告语，告诉看到的朋友你们的活动或者优惠等，如国庆、春节等节假日的祝福语加上你们的推广活动或优惠。

做一做：元旦即将来临，请把你的 QQ 个性签名设置成节日祝福语，并把你们淘宝店铺的元旦优惠活动通过个性签名营销。把设置后的个性签名截图放在下面的方框中。

2. QQ 空间营销

QQ 空间营销包括空间说说营销和空间日志营销。QQ 空间说说类似微博，只是名字不同罢了。空间日志类似博客，可以发表自己想要表达的内容传达给阅读的用户。通过空间说说可以把重要的商品信息或者推广活动进行营销，可以借鉴个性签名的方法把营销信息传播给 QQ 用户。空间日志可以通过较强的文字编辑能力提高日志的可阅读性并传递空间主的情感，在文章的文字行间悄无声息地传达你要推广的内容，或者通过自己的影响力推介商品，引起阅读者的共鸣并转载传播。

做一做：把你的店铺活动分别通过空间说说和空间日志营销。把设置后的空间说说截图放在下面的方框中。

3. QQ 群营销

QQ 群营销的特点就是精准、效率高、持续性长、低成本，QQ 群的营销步骤如下：

① 寻找目标群。在 QQ 群搜索与你网站相关内容的“目标群”，这个要结合产品的定位和主要内容来进行。比如：游戏群、设计群、广告群、创意群等，这样在第一步就能保证以后推广的那些人都是有接受推广的内容的可能，而不是白费唇舌。

② 申请加入“目标 QQ 群”。

③ 入群了先莫激动，切记不要进来就大发广告，留下链接，这样做只有一个后果，那就是辛苦加入了，才发了一句言，就被踢出去了。应该按以下几步来做，先要有好的铺垫。

④ 发布与群主题相关的信息并植入产品信息，内容需要富有可读性与可互动性，最好是图文结合。

⑤ 进群以后及时修改群名片，看下群主是否要求统一马甲，如果有要求可以设置群马甲+你的产品。

除了可以加入 QQ 群，也可以自己建群，自己建群可以拉入自己想要进行推广的人，更具有针对性。通过“创建”—“创建群”—“选择群类别”—“填写群信息”—“邀请群成员”完成自建群操作。

加入群或者自建群后，就可以进行群推广了。群推广常见的有以下几种方法：

① 群名片设计。把名片改成公司名或其产品服务相关的名称，能提高自己在群友中的关注度。

你的群名片设计：________________________________

② 善用群功能：QQ 群有较多的功能，如共享、群公告、群文件、群邮件、群论坛等。利用好这些功能，可以有效提升广告效果。

你的群公告设计：________________

③ 群相册。

记录你的群相册上传照片的操作流程：________________

____

____

④ 群文件。

记录上传你的群文件的操作：________________

____

____

⑤ 群活动。

你的群活动设计：________________

群活动创建操作步骤：________________

____

____

学习检测

一、知识检测

（一）单选题

1. 企业利用论坛这种网络交流的平台，通过文字、图片、视频等方式发布企业的产品和服务信息，从而让目标客户更加深刻地了解企业的产品和服务，最终达到宣传企业的品牌、加深市场认知度的网络营销的行为是(　　)

A. QQ 营销　　B. 论坛营销　　C. E-mail 营销　　D. 微信营销

2. 借助电子邮件进行的营销，主要指把文件、HTML 或多媒体信息发送到用户的电子邮箱中，以达到营销的目的的营销是(　　)

A. QQ 营销　　B. 论坛营销　　C. E-mail 营销　　D. 微信营销

3. 在 QQ 即时通信的平台基础上，专为企业用户量身定制的在线客服与营销平台。它基于 QQ 海量用户平台，致力于搭建客户与企业之间的沟通桥梁，充分满足企业客服稳定、安全、快捷的工作需求，为企业实现客户服务和客户关系管理提供解决方案的营销是(　　)

A. QQ 营销　　B. 论坛营销　　C. E-mail 营销　　D. 微信营销

4. 可以把信息有效地传达给该 QQ 所有的好友用户的是(　　)

A. QQ 空间营销　　B. QQ 个性说说签名营销
C. QQ 空间说说营销　　D. QQ 群营销

5. 论坛最大的特点是(　　)
A. 互动　　B. 成本低　　C. 覆盖广　　D. 精确性强

（二）多选题

1. 论坛营销的特点有(　　)
A. 成本低，操作门槛低　　B. 口碑宣传比例高，性价比高
C. 目标针对性强，精确性强　　D. 营销氛围好，效果好

2. E-mail 营销的优势包括(　　)
A. 价格便宜　　B. 传递速度快，操作方便
C. 发展潜力巨大　　D. 具有多媒体的特性

3. 属于 QQ 营销的类型的有(　　)
A. QQ 个性签名营销　　B. QQ 空间说说营销
C. QQ 群营销　　D. 阿里旺旺机器人自动回复

4. 属于 E-mail 营销的注意事项是(　　)
A. 获得“积极赞同”　　B. 加深个性化服务
C. 了解许可的水平　　D. 不用开展提醒服务

5. QQ 群群发比较好的时机是(　　)
A. 早上 10：30~11：30　　B. 下午 3：30~5：00
C. 晚上 8：30~9：30　　D. 晚上 11：00~12：00

（三）简答题

1. 什么是论坛营销？什么是 E-mail 营销？什么是 QQ 营销？
2. E-mail 营销的主要目标包括以哪几点？

（四）实训题

QQ 营销必须依赖广大的 QQ 好友，现在你将要为班级的主题班会进行推广，希望更多的人了解甚至参加班级的主题班会，请你通过搜索查找或者同学推荐加入相关的群，并开展主题班会推广设计。

二、学习评价

项　目	自评 30%	小组评 30%	教师评 40%	总　分
1. 论坛营销				
2. E-mail 营销				
3. QQ 营销				

项目九　网络营销实战

项目导学

网络营销实战是一个从策略思考和方案规划、实施执行进而实现网络营销目标的过程。本项目通过选择网络营销策略和网络营销活动策划两个任务，激发学生对网络营销活动策划的兴趣，从而掌握网络营销策略、网络营销活动策划的步骤、网络营销创意来源和网络营销策划书的撰写，树立网络营销创新、创意意识。

项目目标

知识目标： 1. 了解网络营销策略和网络营销活动策划的概念、内涵；
2. 掌握网络营销的基本策略；
3. 熟悉网络营销活动策划的结构。

技能目标： 1. 能根据企业实际情况分析网络营销策略并进行完善改进。
2. 能针对企业目标，策划企业网络营销活动方案，并撰写网络营销活动。

情感目标： 培养学生乐于思考，能持续关注互联网热点，激发学生对网络营销策划的学习兴趣，树立网络营销创新意识，为未来从事网络营销策划专员岗位奠定基础。

任务一：选择网络营销策略

相宜本草是一个天然本草类化妆品的国产品牌，拥有良好的产品品质和较高知名度，但市场认知度较低，忠诚的消费者群体较少。然而相宜本草总部对其市场投入的资金有限，面临着这一情况，相宜本草经过多方的咨询与沟通，决定采用网络营销的策略，选择符合与其用户群体定位的互联网社区营销新媒介“唯伊网”，展开迎合精准群体心理的营销策略，比如：免费试用、用户分享体验、邀请达人推荐等，实现了低成本的广泛传播效应。整个营销活动后得到的数据：①试用装派发数 2000 份；②获得了 4305 份有效网络申请用户资料；③活动页面浏览量总计 111055 次，用户回复数 1745 条；④联合推广获得浏览量总计 59633 次，用户回复数 749 条；⑤使用评论总计 115 篇，图文并茂。

课堂讨论：

① 相宜本草采用哪种推广手段？

② 从这个案例中，我们得到了什么启发？

一、任务背景

随着国内上网人数急剧扩大，网络购物已成为年轻一代的消费主流。在这样的网络消费环境下，网络营销以其互动性、针对性、趣味性等特点迅速成为市场营销中最为重要的营销方式。因此，企业想要在竞争激烈的经济社会中突出重围，占有一席之地，那么网络营销是其不可忽略的部分。优衣库是排名全球服饰零售业前列的以现代、简约自然、高品质且易搭配的商品经营理念为消费者所熟知，这无疑得益于优衣库本身所采用的网络营销策略。《孙子兵法》曾说过：“以正合，以奇胜”，企业对营销进行策略性思考，把握全局，才能有制胜的机会(图 9-1)。

图 9-1　优衣库品牌

二、知识学堂

（一）网络营销策略的含义

网络营销策略是指以互联网络为基础，为了达到某种营销目标而利用数字化的信息和网络媒体的交互性来采取网络营销组合的一种新型的市场营销方式。其网络营销组合主要包括网页策略、产品策略、价格策略、促销策略、渠道策略和顾客服务策略等。

(二) 网络4C营销策略

与传统营销的4P相对应的4C理论是由美国营销专家劳特朋教授在1990年提出的。它以消费者需求为导向，提出营销组合的四个基本要素：即消费者(Consumer)、成本(Cost)、便利(Convenience)和沟通(Communication)。它主要强调的是企业把追求消费者满意放在第一位，接着是降低消费者购买成本，考虑到消费者购买的便利性，最后以消费者为中心实施有效的营销沟通。我们将基于4C理论的网络营销策略分为：消费者策略、成本策略、方便性策略和沟通策略。

1. 消费者策略

由于零售企业直接面对消费者，消费者的需要和欲望是企业在营销过程中优先考虑的因素，应建立以消费者为中心的市场营销活动。零售企业应站在顾客的立场上，帮助顾客组织挑选商品货源；按照顾客的需要及购买行为的要求，组织商品销售；研究顾客的购买行为，更好地满足顾客的需要；更注重对顾客提供优质的服务。因此，消费者策略主要是指企业首要任务是了解和研究消费者的购买行为特单，根据消费者的需求来提供产品或服务，从而产生消费者价值。

在进行网络营销时，我们首先要明确目标消费群体是哪些人群。例如，三只松鼠是在电商行业崛起的，将目标消费群体锁定在年轻的网购主力军80、90后群体。为了迎合消费者审美观和情感体验的需求，在消费者选购产品的页面中建立场景化、独特的视觉体验，如图9-2所示，来吸引注意力。同时三只松鼠还打造出温暖细致的情感体验，它以宠物佣人的服务态度进行与消费者对话，让消费者感到品牌的情感，拉近消费者与客服之间的距离，提升了购物的趣味性，快速拉近消费者和品牌的距离。另外，店铺会提供吃坚果所需的小工具，把细节服务做到了极致，还根据消费者的要求和流行趋势随机赠送小卡、杯子、玩偶等赠品，让消费者充满了惊喜，获得其认可。

2. 成本策略

成本不单指企业的生成成本，还包括顾客的购买成本。因为，顾客在购买商品时，除了会消耗金钱外，还要消耗时间、精力和体力，而这些就构成了顾客总成本。所以，顾客总成本包括货币成本、时间成本、精神成本和体力成本等。由于顾客在购买商品时，总渴望把成本降到最低限度，如货币、时间、精神和体力等，以使自己得到最大限度的满足。因此，成本策略是指零售企业须考虑消费者

图 9-2　三只松鼠网店的产品

为满足自身需求而愿意支付的"顾客总成本"，降低顾客购买总成本，如降低商品进货价和市场营销费用从而降低商品价格，以减少顾客的金钱成本；提高工作效率，节约顾客的购买时间；通过多种渠道向顾客提供详尽的信息及提供优质的售后服务，减少顾客精神和体力的消耗。

3. 方便性策略

目前市场处于过度竞争，最大程度地便利消费者是企业必须认真思考的问题。4C 营销理论强调企业在制订营销策略时，应考虑顾客的方便性。方便是客户价值不可或缺的一部分。消费者在进行网购过程中，店铺的位置、店铺的商品陈列，尤其是要考虑"消费者的易接近性"这一因素，方便消费者浏览、挑选、付款结算等。

举例来说，苏宁易购是苏宁电器集团旗下的 B2C 网上商城，如图 9-3 所示，它近年来进行网站系统升级，在服务过程中本着客户至上的原则，增加消费者服务品类，拓展产品比较、产品检索等服务，从而让消费者方便、快捷、轻松地购物，同时也确保了消费者轻松、安全的网上支付及物流配送等服务，让苏宁易购的客户切实感受到了苏宁易购购物的便捷、方便。因此，方便性策略是指企业为顾客提供最为便捷的购物过程，包括店铺售前、售中和售后的服务。

图 9-3 苏宁易购网上商城

4. 沟通策略

为了创立竞争优势，零售企业必须不断地与消费者沟通有关商品、服务、价格等方面的信息。我们要知道好的沟通能影响消费者的态度与偏好，从而说服消费者购买商品，同时也能在消费者的心目中树立良好的企业形象。在如今竞争激烈的销售市场环境中，企业管理者应该认识到和消费者沟通比选择适当的商品、价格、地点、促销更为重要，更有利于企业的长期发展。

（三）网络营销策略的种类

1. 品牌策略

网络品牌的形成是以企业网站为基础，通过一系列的推广措施，从而达到顾客对企业的认知认同，在一定程度上说，品牌的价值高于直接的收益。因此，网络营销最为重要的任务就是通过互联网快速推广树立企业品牌形象。

2. 网页策略

中小企业可以选择建立企业特有的网站，聘请专人维护，同时由专业营销人员进行推广宣传，从这一环节上可以为企业节省了原来传统市场营销的很多广告费用，但要注意的是效果不会一针见血。

3. 产品策略

在营销理论上，产品一般包括有形产品和无形产品。产品一般分为核心产品、形式产品、附加产品三个层次，如图 9-4 所示。随着网络的广泛传播优势，消费者的个性化需求越来越突出，企业要树立起真正以消费者需求为导向的产品整体概念，才能维持企业的竞争力。

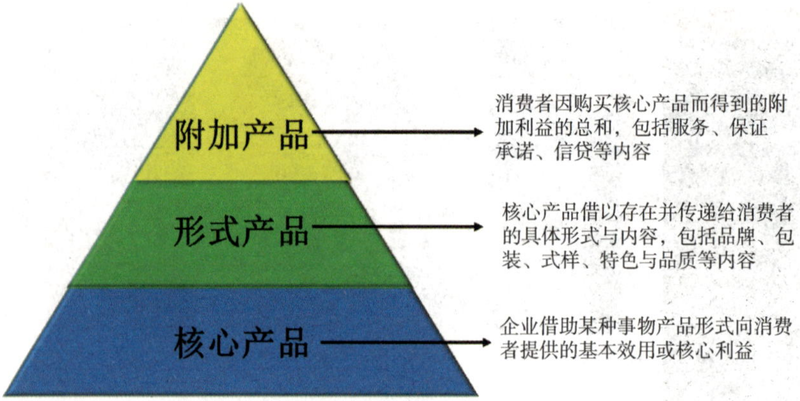

图 9-4　产品层次划分

那么根据网络营销产品在满足消费者需求的重要性，网络营销产品整体可以划分为五个层次：核心利益层，指的是产品最核心或最基本的效用或利益；个性化利益层，指除获得最核心或最基本的效用利益之外的满足每个消费者不同需求的利益的总称；附加利益层是指额外附加利益的总称，它通常包括销售服务、保证、优惠、信贷、免费、赠品等内容；潜在利益层是指在核心利益、个性化利益、附加利益之外，能满足消费者潜在需求的产品利益；产品形式层指的是核心利益、个性化利益、潜在利益借以存在并传递给消费者的具体形式。

我们在使用网络营销产品策略时可以采用产品组合。所谓产品组合，是指网络营销企业为网上目标市场所提供的全部产品或业务的搭配。一个企业提供给目标市场一般是由多种产品进行组合，而不会是单一的产品，还可能包含若干不同的品牌、包装和服务等内容。产品组合策略包括以下几种。

（1）扩充产品组合策略

可以通过扩大网上销售的产品范围，在原来的产品线内增加新的产品项目，迎合消费者的不同需要和爱好，吸引更多消费者，从而扩大同类产品的细分市场。

（2）缩减产品组合策略

从产品组合中剔除部分利润小的产品大类或产品项目，腾出更多资金让企业集中力量发展利润大的产品大类和产品项目。

（3）产品线延伸策略

企业可在原有的经营档次范围进行调整延长的策略。具体可以有：①向下延伸，指的是增加一些较为低档的产品；②向上延伸，指的是逐步增加中高档的产品或业务；③双向延伸，在一定条件下可以逐渐向高档和低档两个方向进行延伸。

4. 价格策略

价格策略也是最为复杂的问题之一。在当今信息开放、共享的时代中，价格对于消费者来说已经是“透明化”了，因此，企业若想在价格上做营销的话，应注重强调自身产品的性价比。那么网络定价的策略很多，根据网络营销的特点，一般采用的策略有以下几种。

（1）低位定价策略

进行网上销售时，在公开价格时比同类产品的价格低。这个策略容易扩大宣传、提高市场占有率。主要的方式有：直接拉低价格、在原价上进行标明折扣的低价策略、给消费者带来实惠的促销低价策略。

（2）个性化定制生产定价策略

这个是在企业实行定制生产的基础上进行设计满足消费者的个性化产品，并根据消费者的具体要求来确定商品价格。

（3）使用定价策略

所谓使用定价，就是顾客通过互联网使用企业产品时根据使用次数进行付费，这样既可以减少企业为出售产品进行不必要的生产和包装的花费，也可以吸引购买力有限或有顾虑的顾客使用产品，扩大市场份额。

（4）折扣定价策略

根据不同购买方式进行不同的折扣定价，比如：若消费者在购买本企业商品数量多时，可采用数量折扣策略；若消费者能按期或提前付款，可采用现金折扣策略；若中间商或消费者在淡季时间进货购买，可采用季节折扣策略等。

（5）免费价格策略

免费价格策略就是将企业的产品和服务以免费的形式提供给顾客使用。免费价格策略是网络营销中常用的策略之一，免费价格策略通常有完全免费、有限免费、部分免费、捆绑式免费。

5. 促销策略

在实施促销策略时要从以下四个程序进行。

（1）确定网络促销对象

消费群体可以包括产品的使用者、产品购买的决策者、产品购买的影响者，这些群体在进行促销策略的着重点会有所不同。

（2）设计网络促销组合

以网络广告为代表，进行网络广告促销主要实施“推与拉的战略”，推就是将产品推向市场，从而获得广大消费者的认可，拉就是将顾客吸引过来，维持市场份额。一般而言，网络广告这种做法对于中小企业来说可以节省大量人力支出、财力支出。通过网络广告挖掘潜在消费者，也可以通过网络的丰富资源找到合作者，拓展产品的消费层面。网络促销能避免“千篇一律”，塑造自身的特点，结合企业的文化来达到最佳的促销效果。

(3) 制定网络促销预算方案

根据企业的资金投入情况合理选择网络促销的方法及组合方式，确定各种细节费用，做好预算方案。

(4) 衡量网络促销效果

衡量促销的实际效果是否达到预期的促销目标，对于企业来说十分重要。一般来说，可以利用网上的统计软件，及时对促销活动的效果进行统计，比如访问人数、点击次数等，同时还要注意促销对象、促销内容、促销组合等方面与促销目标的关系分析，对促销工作做正确的判断。

6. 渠道策略

(1) 根据销售对象的不同选择渠道的策略

由于网上销售对象的不同，我们应考虑消费者的需求和特征来选择渠道。在设计营销渠道时要采用消费者易于接受的方式来进行建设。订货系统的设计要简单明了，提供商品搜索和分类查找功能，方便消费者进行选购。在选择结算方式时要考虑目前金融发展状况，应尽可能满足消费者多种结算方式及安全性。最后也要建立完善的物流配送系统，让消费者安全快速地收到产品。

(2) 根据销售产品特性选择渠道的策略

企业在选择渠道策略时要考虑产品的特性，选择合适的渠道，可以结合消费者的需求及购买行为，在热门或相关网站中发布一些促销信息、新产品信息或公司动态，促进销售。

7. 客服策略

网络营销营销方法多样，注重其特有的互动性，企业在进行网络营销时应根据自身产品的特性来进行设计。在进行网络营销客服策略时可以从以下几个方面入手：①全方位的信息服务，为消费者提供全面而详细的产品信息；②针对性的个性化服务，针对每个消费者的不同需求提供相应的信息服务；③多元化的促销服务，采用这种方式能使服务方式和内容多样化；④网上个人定制服务，是个性化服务高层次的级别。

三、任务情境

我们身处于一个生活快节奏的时代，自然而然会感觉到在工作日期间的用餐时间减少了，白领上班族用餐就成了一个比较严重的问题。因此，美团外卖应运而生，于2013年11月正式上线，为消费者提供快速、便捷的线上外卖服务（图9-5）。小熙通过对当地美团外卖的店家进行了初步调查，发现菜色选择不集中，而且较少“住家菜”，难以满足上班族聚集订餐减少配送费及配送时间的需求。于是小熙和其余3名同学计划成立一家专门为上班族聚集订餐的网上外卖店，取名为“住家菜”，随后，团队成员进行了具体分工，他们分成5个岗位：产品美工及网店信息发布、网络营销策划、网店推广、商家联盟开拓与管理、客户服务，同时也制定了详细的工作计划，现在正在考虑如何运营。

图9-5　美团外卖宣传图

四、任务实施

活动一：确定目标消费者

步骤1：登录美团外卖网，输入热门商圈，如图所示。

步骤 2：查看店铺与餐厅，如图所示。

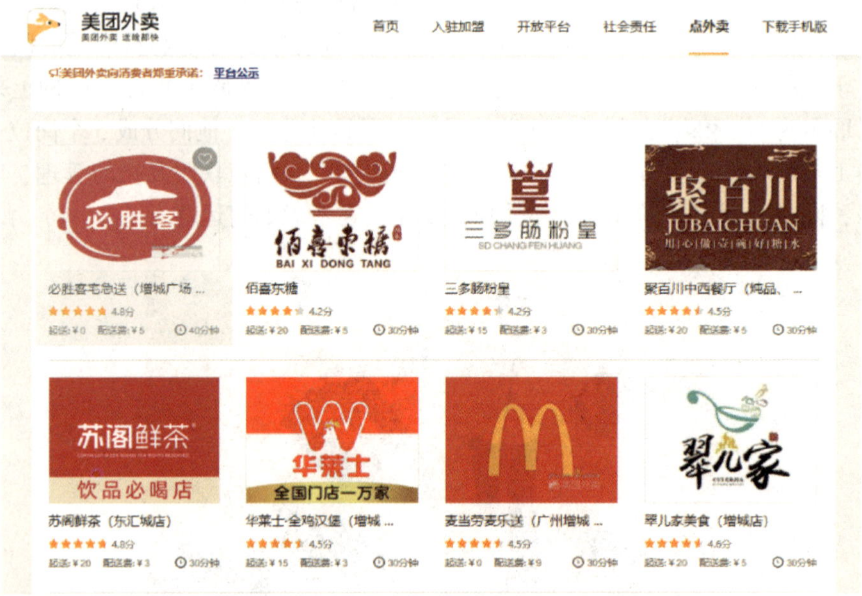

步骤 3：确定目标消费者。

主要目标客户群体	
该客户群体的特征	
该客户群体消费行为特征	

活动二：确定产品

根据活动一的消费群体消费行为特征和产品策略的相关知识，确定“住家菜”的商品名单。

产品策略	商品种类、规格	选择的理由

活动三：制定促销策略，确定商品价格

根据促销策略和价格策略等一系列的相关知识，进行网上外卖店的商品定价及促销活动制定。

确定促销对象	
商品价格策略	
具体促销活动方案	

任务二：网络营销活动策划

脑白金品牌的家喻户晓主要得益于其营销手段，连业内人士都拍案叫绝。作为单一品种的保健品，脑白金以“快速启动市场、迅速拓展全国领域”的特点，创造了该领域的神奇现象。特别值得一提的是2013年底脑白金在四大数字营销平台推出#脑白金体#整合营销活动。该活动上线第一天整体曝光量超过1000万人次，吸引了10万粉丝热捧，充分利用了新媒体平台的裂变传播效应，上线3天就登上微博热门话题榜，活动转发数30万，各类脑白金体版本300多，3天曝光量超过3000万次，神一样的数据，神一样的话题，无论是论坛还是微博上，“脑白金体”创意狂欢活动是当之无愧的当红炸子鸡。通过高创意爆点，利用网上四大平台的炒作，形成热点话题，打造了全网影响力。

问题：

1. 网络营销活动策划是什么？它的主要目的是什么？
2. 从脑白金这个案例中，你认为网络营销活动策划的最核心内容是什么呢？

一、任务背景

随着网络时代的高速发展，互联网人数不断地增加。这么巨大的网络人数，就会带来巨大的商机。网上购物成为了人们的生活常态，因此给网络营销提供了广阔的空间。企业营销观念也根据消费者消费形态进行转变，因此，在新形势下研究网络营销活动策划显得尤其重要。网络营销策划是网站推广、网上销售的重要手段，能支持客户服务、促进线下产品销售、帮助公司品牌拓展。

二、知识学堂

（一）网络营销活动策划的含义

“凡事预则立，不预则废”，策划是为了达成特定目标，进行构思、设计、规划的过程。网络营销策划就是企业营销人员进行策略思考与方案规划从而达成网络营销目标而进行的过程。

网络营销策划可分为网络营销盈利模式策划、网络营销项目策划、网络营销平台策划、网络推广策划、网络营销运营系统策划五种类型，本书中网络营销活动策划主要特指网络推广活动策划。

（二）网络营销活动策划的作用

网络营销活动策划是一种实践性能力很强的技能职业。在策划过程中，需要了解各方面的信息，统计相关数据，做好预期计划和风险防控，才能将网络营销活动做好。那么一般来说，网络营销策划主要的工作包括：①分析企业网络营销现状，找出企业网络营销过程中所存在的问题；②调查企业的资金投入情况以及回报期望，从而确定网络营销的目标；③对竞争对手进行分析，做好“知己知彼”的准备，以实施行之有效的竞争策略；④利用营销理论进行分析，总结本身的优劣势；⑤制定网络营销策略，确定操作步骤及实施具体流程。

网络营销活动策划具有系统性、创新性、操作性、经济性、协同性等原则。因此，网络营销活动策划能给予企业系统性指导，结合个性化消费需求，为产品和服务进行增加特色与价值，整合优化网络营销活动，为企业取得目标经济收益。

（三）网络营销活动策划的要素

做好网络营销的最关键的是什么呢？就是策划，所谓“策略为纲，创意为王，系统制胜”，网络营销策划最核心的要素就是网络营销策略、网络营销创意和网络营销运营系统。

1. 网络营销策略

深入分析行业现状及发展趋势，研究目标消费者的消费行为特征，探究竞争对手和自身的优劣势及机会威胁，根据实际资源和资金找出企业的卖点和核心优势，做好网络营销策略的选择与规划，开展针对性的推广营销策略。

2. 网络营销创意

创意，相对于传统来说就是一种“叛逆”。网络营销为了吸引消费者眼球，那么就必须要有不平庸的内容。而内容营销依靠的是大脑的创意，是深入理解产品定位和模式之后，有针对性地基于网络营销工具和平台的整合和运用，所以要想有内容必须要有创意的方法。网络营销创意是综合各种创意思维的营销手段，用于指导企业产品、市场战略规划，引领企业展现品牌价值、产品概念、产品亮点，使公众对企业及其产品、品牌进行持续关注并产生良好印象。一个创意营销如果已经达到了足够的消费者共鸣，引发了大量关注、转发和好评，那么这个营销活动在传播上就可以说是成功的，但是否会引起消费者的购买则要综合考量产品力、所在市场、目标消费者等多种因素。

那么，创意从何而来呢？其实，创意来自生活细节，我们要对市场、消费者、人性进行最深层次洞察，深入挖掘消费者需求。网络营销创意的方法有很多种，一般常见的有以下几种。

（1）历史情节法

用历史情节阐述企业品牌和文化、产品，重视历史文化让企业营销变得有内涵，此法运用比较多的是酒类企业。

（2）借东风法

借东风主要是依靠天时地利人和。天时，指的是节假日或特殊节日，比如：春节、元旦、中秋等；地利，指的是可以借用一些引人注目的重要场所；人和，指的是可以借有影响力的公众人物，特别是模范夫妻、明星结婚事件等。若采用这个创意方法，可以这样做：嫁接一个事件营销与活动促销的结合+系列的线上、线下推广+软文前期预热后期总结。

（3）对比法

企业通过各种方法将产品与竞争对手的产品在各方面的优势展现给消费者，帮助消费者进行判断和选择。这种方法，能直接凸显出品牌的真实性，同时也能满足消费者“货比三家”的购买心理，帮助企业迅速建立市场话语权，快速占领市场。

（4）情感法

从消费者的情感需要出发，唤起和激起消费者的情感需求，与消费者产生心灵上的共鸣，寓情感于营销之中，这样更加容易取得消费者的信任。

举例说明，卡地亚 LOVE 作为奢侈品中倍受宠爱的系列，始终以其精致简练的设计为人青睐。对于这个系列，该企业采用情感营销的方式时诠释“爱”的定义(How Far Would You Go For Love? 诠释着爱无止境的动人含义)，向消费者告知卡地亚从未停止探索的步伐。该创意是以“爱”为主题，“人”为载体，人们经常在不知不觉中记录着自己的爱情，照片、文字、影像。而 Blog、album、SNS、BBS 等这类 WEB2.0 的网络平台便是每个人记录爱情的核心载体，所以卡地亚给每个珍惜爱情的人一次良机，用爱的点滴绑紧你的这份真爱！最终营销效果非常好，卡地亚的 LOVE 爱链你我活动的概念备受好评，贴合品牌、十分新颖。正式上线当天，活动参与人数可观，网站视觉表现也令人印象深刻。用户主动在 SNS 以及 IM 平台中的内容分享次数达到了 5 位数。

3. 网络营销运营系统

运营系统，简单来说就是执行策略、达成目标的执行系统。其重点是建立企业网络营销推广体系及推广制度，包括主流网络营销推广系统的账号体系建立及培养等。构建网络营销运营系统，要做到人岗匹配、各尽所能、各司其职。需要注意的是，系统一定要根据策略来构造，否则就不匹配。

（四）网络营销活动策划的流程

1. 做好营销定位，明确营销目标

企业做网络营销活动策划前，首先进行营销定位，明确目标，告诉自己究竟想要的是什么呢？追求流量、追求注册量，还是追求销售量、追求品牌知名度呢？做好定位后，才能进行推广，否则就会浪费资金，同时也会使得企业营销活动越来越不明确，容易迷茫。

2. 识别目标消费群体

确定了营销目标后，分析哪些是你的目标消费群体。因为不同的营销目标，会存在不同的消费群体。我们要分门别类，明确不同目标的不同用户群，可以分为收入用户、流量用户、内容用户、口碑用户、权威用户等。

3. 分析目标消费群体的特征，选择平台，展示产品亮点

不同自然属性、社会属性的用户喜好不同，针对他们的营销策略也不同。例如，年龄偏小的用户，喜欢追逐时尚赶潮流，针对他们进行营销时，页面风格要时尚，文字要朴实。而年龄偏大的用户，则比较成熟稳重，喜欢有内涵的实务，对这类用户，页面风格要成熟一些，文字要有内涵。除了自然特征外，还要研究用户需求，弄清楚用户喜欢哪方面的内容、信息、资源以及想解决的问题或是困难等。因此，我们将这些用户的需求进行深入分析后，就能确定网络营销活动策划的素材。

我们需要结合用户特征和需求进行分析，选择平台，如果用户的主要需求是浏览文章，就需要将目标用户常去的网站全部找到；如果用户上网做得最多的事是与人交流，就需要把用户常去交流的论坛筛选出来；如果用户喜欢在 QQ 群交流，就要明确是哪一类主题的 QQ 群；如果用户喜欢用搜索引擎查找信息，就需要将用户经常搜索的词全部列出来。因此，我们在策划时，进行分门别类，将客户群对应的渠道列出来，分析用户购买行为特点，寻找影响用户决策的关键点，从而专门打造特有亮点打动用户。

4. 撰写网络营销活动策划方案

网络营销策划书是为公司尚未推出的产品、服务、品牌或者网站等实现一定的市场目标而做出的全盘网络营销计划，是企业网络营销项目运营的前提和保障，也是规范企业网络营销管理的重要方面。在项目启动之前，制作一份完整的营销策划书是非常有必要的。

（五）网络营销活动策划书的结构及技巧

1. 网络营销活动策划书的结构

① 活动背景，主要包括网络营销活动策划项目的背景资料和网络营销活动策划的目的。

② 网络营销环境，包括宏观环境分析和微观环境分析。宏观环境分析，主要包括政治环境分析、经济环境分析等内容。微观环境分析，包括用户分析、竞争对手分析、网页分析等内容。

③ SWOT 分析，即评估企业内部的优势（strengths）与劣势（veaknesses），评估企业外部环境的机会（opportunities）与威胁（threats）。

④ 网络营销活动方案：

a. 网络营销目标，主要指公司所要实现的具体日标，如网络营销活动方案执行期间，应实现的经济效益等具体数据。

b. 具体方案，从目标客户、竞争对手、自身优劣势洞察来综合分析，确定策划的整体思路并制定具体的网络营销方案。

c. 媒体传播，分析用户的喜好和聚集的平台，通过多种网络营销工具和方法将网络营销方案中的内容尽可能多地传播给用户。

d. 执行方案，主要进行具体步骤和环节的分解，从时间、空间、任务、目标进行，形成流程图，做到细致、周密，落实到人。

e. 费用预算，按照安排的网络营销策划中将花费的各种费用项目，对营销策划方案的费用进行科学合理的预算。

f. 风险防控措施，由于环境的不确定性，任何计划在实施过程中都难免会遇到一些不可预期的风险。

2. 撰写网络营销活动策划的技巧

细节决定成败，只有在策划书的书写过程中注意一些细节性问题，才能使策划书更具有实效性。具体表现为以下三个方面。

(1) 结构完整，层次清晰

网络营销活动策划的系统性原则表明了它是一种综合性最强的营销方案。因此，我们在进行撰写时，要有大局观念，我们将策划书的结构大致可以概括为：环境分析、战略制定、执行落实，这样使得我们撰写时思路清晰明了，有效开展工作。

(2) 主线要明确

在撰写网络营销活动策划方案时要始终围绕一条主线展开分析，这条主线指的就是网络营销活动策划的目标。

(3) 图表丰富，深入分析

图表的表达方式可以使网络营销文案简明扼要，而且分析透彻，同时可以让文案的语言精练到最简化的程度。

三、情境设计

小熙和其余 3 名同学成立了一家专门为上班族聚集订餐的网上外卖店，取名为“住家菜”，他们的宗旨是让广大食客朋友们做到 24 小时足不出户，尽享美食美味的网络订餐服务，真正让订餐者“省钱、省时、省力、省心”。

四、任务实施

活动一：头脑风暴，确定网络营销创意

根据任务一分析的消费者策略和产品策略，对“住家菜”外卖店进行网络营销创意。

网络营销创意主题	
网络营销创意形式	
网络营销创意阐述	

活动二：

假如你是“住家菜”外卖店团队的推广人员，请你以即将来临的节日为契机为外卖网撰写一份网络营销活动策划方案。

学习检测

一、知识检测

（一）单选题

1. 零售企业直接面向顾客，因此应建立(　　)的零售观念。

A. 以企业为中心　　B. 以消费者为中心

C. 以媒体为中心　　D. 以产品为中心

2. 根据产品层次划分，产品一般分为核心产品、形式产品和(　　)三个层次。

A. 服务产品　　B. 无形产品　　C. 附加产品　　D. 有形产品

3. 网络营销活动策划具有系统性、创新性、操作性、经济性及(　　)等原则。

A. 协同性　　B. 单一性　　C. 策略性　　D. 服务性

4. 若采用“借东风”营销创意形式，我们可以怎么做呢？(　　)

A. 一个热门活动+系列的线上、线下推广

B. 制作活动促销+软文前期预热后期总结

C. 嫁接一个事件营销与活动促销的结合+系列的线上、线下推广+软文前期预热后期总结

D. 嫁接一个事件营销与活动促销的结合+软文前期预热后期总结

5. SWOT 分析中的“S”代表的是(　　)。

A. 优势　　B. 劣势　　C. 机会　　D. 威胁

（二）多选题

1. 4C 营销理论的基本要素是(　　)。

A. 消费者　　B. 成本　　C. 便利　　D. 沟通

2. 网络营销策略的种类包括(　　)。

A. 品牌策略　　B. 网页策略　　C. 产品策略　　D. 价格策略

E. 成本策略

3. 产品线延伸策略中双向延伸指的是从哪两个方向进行延伸的？(　　)。

A. 奢侈品　　B. 高档　　C. 中档　　D. 低档

4. 网络营销策划的最核心要素是(　　)。

A. 网络营销策略　　B. 网络营销
C. 网络营销创意　　D. 网络营销运营系统

5. 网络营销活动策划的流程是(　　)。

A. 做好营销定位，明确营销目标
B. 识别目标消费群体
C. 分析目标消费群体的特征，选择平台，展示产品亮点
D. 撰写网络营销活动策划方案

(三) 简答题

1. 价格策略一般会采用哪些呢？并简要说明。
2. 请写出网络营销活动策划书的具体结构。

(四) 实训题

利用网络资源搜集一些企业开展网络营销活动的策划方案，选取其中一个你认为具有代表性的策划方案，并对其进行分析，以PPT形式进行展示。

二、学习评价

项　目	自评30%	小组评30%	教师评40%	总　分
1. 能复述网络营销的基本策略及网络营销活动策划的结构				
2. 分析消费者，会制定产品策略与促销策略				
3. 能进行网络营销创意				
4. 会撰写网络营销活动策划书				